任性出版

樓鳳，性淘金產業大揭密

警察帶路，立馬看懂江湖規矩，
菜雞一夜成為老司機，乖乖女聽懂所有 men's talk

從打字小工到樓鳳碩士

張榮哲——著

CONTENTS

Chapter 2

Chapter 3

旅遊樓鳳的性產業經濟學，雞頭親自告訴你

Chapter 4

推薦序一

從經濟學與犯罪學，解密地下性產業鏈

臺北大學犯罪學研究所副教授／黃蘭媖

一個國家的性交易規範，通常反映了當地文化的道德規範、公眾意見、社會發展與社會政策等。而在這些性交易政策之中，最備受爭議的即是：究竟這是成人之間在自願基礎上互相同意，且沒有傷害到他人的商業活動？抑或是，這種自願或同意其實仍受限在性別、種族或階層不平等的框架下，而使人們落入剝削與被剝削的關係？

《樓鳳，性淘金產業大揭密》並無意加入這場戰局，而是傾向突破道德框架，盡可能**從經濟學與犯罪學的角度中立描述**、**分析與解釋**。在全球化、新社交科技時代之下，新型態的性交易模式——旅遊樓鳳產業鏈，如何改變了性工作者、買春者以及仲介者之間的關係，並且藉由市場機制，甚至某種程度減少了剝削與暴力的涉入。

過去雖然也有許多社會學者或犯罪學者，嘗試從有別於主流社會的角度，探討性交易當中的利害關係，但大部分還是以「從娼者」的角度為出發點，描述個人的抉擇、生涯與行業文化，較少**以整個產業鏈的觀點拼湊出性交易的圖像**。

令人驚豔的是，《樓鳳，性淘金產業大揭密》的作者張榮哲，是第一線警察，他花費一年多的時間，運用多元的資料蒐集方法，從觀察、發想到深入研究，對此產業鏈描繪出相對完整的圖像，並解答了許多過去研究未曾解答的疑惑，更是帶外行人深入了解的不二法門。

在看完此書後，我個人認為，這本書成功印證了犯罪學的日常活動理論（Routine activity theory，見第二〇八頁）的一句話：非法的活動發生在合法活動當中。

因此，電子交易、通訊軟體的倚賴、過剩的房屋供給、方便的大眾運輸、開放新南向觀光（第六十七頁）、外籍勞動力的引進、前臺商回流等，種種條件因緣際會之下，促成了「旅遊樓鳳」的興起與盛行。

尤其第三章「旅遊樓鳳的性產業經濟學，雞頭親自告訴你」，可說是最具創新、突破性的章節。作者嘗試從經濟學的角度分析市場的變化，從招募管道到交易價金、廣告策略等，與一般商業模式並無二致；對於地下交易市場如何提升獲利和減少風險策略，也有深入剖析。

作者在第四章「抓跨國賣淫，警察總是做白工」，則大膽提出性交易可行的管理辦法：「QR Code 管制法」，看似激進，卻符合目前全球對性交易傾向除罪化以及減少汙名化的趨勢。

大家可能會覺得，警察人員支持性交易合法化只是特例，但中山大學公共事務研究所教授彭渰雯則於二〇〇八年的研究中，針對二十八名警察人員深度訪談後發現：大多數員警支持合法化，而且認知到執法會產生階級化的效應，即取締對象會針對弱勢階級的賣淫女性。在《性的解析——美國大學性教育講義》（按：美國最廣泛的大學性教育教科書）談及性交易的章節中曾提到：「對性交易者的逮捕與掃黃，通常只剩下重申道德、政治與經濟主導權的儀式，不但無效且通常造成選擇性的執法」。

因此，個人認為，政府**將性交易納入管制，並不等同於贊同或鼓勵此類商業行為**，而是當不管制或不當管制（逮捕與選擇性執法）的成本，已高於管制的成本，甚至已經造成更大的傷害時，就應該認清現況，將行為造成的傷害極小化——也就是思考建構出一套結合商業管理、公共衛生、以及犯罪防治，又可以減少傷害的性交易模式。

本書由碩士論文改寫而成，但改寫成書後的可看性與辛辣程度，比起學術論文是有過之而無不及。而提醒讀者似乎也是寫序者的任務之一。在各位一窺旅遊樓鳳性產業奧祕之前，請務必做好心理準備：「本書內含大量成人素材，請小心服用」。

推薦序二

最完整的性產業實錄，以及江湖老規矩

銘傳大學講座教授兼社會科學院院長、犯罪防治學系所主任／黃富源

這是一本非常有趣也極令人震撼的書。對長久蟄居於自己書房中，從事寫作研究的人而言，非但是讀之興味盎然，亦且充滿好奇。犯罪學的領域至深且廣，所研究的素材包羅萬象，對這些犯罪學議題的研究者，無論他的背景、所受訓練為何，只要是全心全力、鍥而不捨，都會發人所未發，見人所未見。

而毫無疑問的，《樓鳳，性淘金產業大揭密》的作者無論是學養、實務、求真精神與撰寫態度，都是令人欽佩的。

我第一次接觸性工作的相關事務，是在大學時代。當時的中央警官學校（警

察大學前身），坐落在廣州街，距離艋舺華西街的公娼寮很近。同學們基於好奇心理，便相約前往勘查，結果五、六個同學才走完一條街，就臉色發白、心跳狂蹦，事後竟沒有人能說出到底看到了什麼？

警官學校畢業後，我選擇了以犯罪學為研究的職志。與學校前輩一起從事一個有關性交易的研究，第一次看到了臺灣性工作者所祭拜的傳統神祇——豬八戒，一尊粉紅和靛紫交融的彩繪塑像，在幽暗的燈光下，泛著詭異的色彩。那時我便深深的感受到，非得深入了解她們的內心世界不可。而這本書，正是這樣一本深入業界和業者世界的佳作。

在我仔細讀完所有章節之後，似乎還意猶未盡。坦白說，**這本書是我讀過所有臺灣性產業、性工作者及性產業副文化作品中，撰述最貼近真實、最完整闡述的一本實錄**。透過作者妙筆生花的描述，真實而駭人！我們似乎可以看見一個一個的雞頭、樓鳳、三七仔，甚至於鴿子的身影，穿梭在光怪陸離的暗黑世界裡；彷彿還聽聞到鶯聲燕語、酒酣歌舞、歡場嬉鬧的聲音，迴盪在十丈軟紅的長廊盡頭。

整本著作，也展現出作者對犯罪社會學的觀察，從性產業歷史、變遷和現況紀錄；從樓鳳業者、性工作者與恩客產業鏈的互動分析，到性工作場域的次級文化、價值系統、專用語言與江湖規矩；作者嘗試**以經濟學的供需理論，說明性產業產、製、運、銷、用的運作環節與結構變遷**，進而比較國際上不同性工作者的競爭與興衰起落，既嚴肅又有趣！這真的是一本適合學者、專家、實務工作者，甚至於社會大眾閱讀的書籍。

由於這是一本實錄，因此對於現象的描述滲透力很強，入木三分。也正因為如此，撰述內容一開始就直入現場，更由於篇幅所限，作者似乎盡力著墨於現象學的分析。不過，本書在最後，也企圖描繪出，對於此一性產業合法化的可行對策，但是從娼原因與現象，則似乎簡單的以經濟、價格、供需、人性予以涵蓋。

或許，這是作者為了讓讀者在讀完這本奇書後，可以提出更多建議吧！

推薦序三

論文點閱冠軍的樓鳳碩士

銘傳大學社會科學院犯罪防治學系所副教授／王伯頎

「老師，我的論文要出版了！」這是某天我在研究室處理資料時，從 E-mail 的一端，許久不見的榮哲傳來的訊息。當然，我第一時間很替他高興，也覺得任性出版真是慧眼獨具，能將這樣獨特的碩士論文，讓更多讀者知道。

與榮哲的結緣，要感謝他的指導教授、臺北大學犯罪學研究所黃蘭媖老師，讓我有機會擔任榮哲論文的口試委員兼召集人。在論文計畫書口試時，我提出了身為警職同仁，又從事樓鳳相關行業的研究，是否會有衝突等疑慮。當時的他回答應該沒問題，我就對本篇論文充滿期待。

然而，從計畫書到完成論文，因為中間間隔的時間有點長，我甚至私下詢問榮哲的指導教授，他是否卡關遇到瓶頸。終於，千呼萬喚始出來。在論文口試時，榮哲交出了非常完整的研究結果，期間有多努力，相信他在自序中已經提及，委員們也一致肯定榮哲對研究所下的功夫。

在犯罪學的理論中，美國學者柯恩（Cohen）與費爾森（Felson）曾提出日常活動理論，意指犯罪的發生，在時空上，其實與日常生活各項活動相配合，包含：一、有動機的犯罪者，二、合適標的物，三、有能力監控者的不在場。

而榮哲的論文，巧妙運用此論述剖析旅遊樓鳳業的三個要素：一、有性需求並且使用網路及通訊軟體的尋芳客，二、透過通訊軟體推播傳送的小姐名冊，包含國籍、年齡、身高、體重、三圍等詳細資訊，供尋芳客瀏覽，三、住商混合大樓（集合式大樓）龍蛇雜處，出入分子複雜，多為外地租屋客，且租客的工作時間及性質，生活習慣不一，導致監控不易的特性，反而成了最好的掩護；在沒有監控者的情況下，助長了旅遊樓鳳的興起。

除此之外，他還借用經濟學的理性選擇理論（Rational choice theory，指人們在行動前會考量利害得失來做出決定），論述跨國賣淫者可提供較低的價碼，讓嫖客換得更好的服務等，也就是CP值較高的觀點，來剖析旅遊樓鳳業的現況，可說是非常精闢到位。

更難能可貴的是，除了拆解旅遊樓鳳業的手法、術語及流程的現象面探討外，更以其專業的觀點，提出防治面的建議策略，非常值得相關單位參考。基於上述理由，我非常樂於為榮哲寫序，這是一本不可多得、兼具理論與實務的社會議題書，極力推薦各位讀者入手！

推薦序四

兼具學術和娛樂的犯罪剖析專論

中正大學犯罪防治學系教授／馬躍中

一開始收到出版社的邀稿，本人很好奇作者如何將臺灣本土性產業的研究，寫成兼具學術性，又能讓一般社會大眾易懂的讀物。

《樓鳳，性淘金產業大揭密》作者張榮哲，因從事警察工作，經常接觸到嫖客、雞頭、掮客、應召機房業者，因而決定以旅遊樓鳳為研究主題；並透過報班資料、訪談內容，分析旅遊樓鳳的崛起與組成，藉此還原該性產業犯罪過程，提供司法單位追訴及法律修正參考。

作者在先天條件上，除了具有警職身分，任公務員十餘年，而後還考取臺北大學犯罪學研究所。從學術的角度看來，本書結合犯罪學、社會秩序維護法、刑事實體法、刑事程序法，乃至於跨國犯罪。為了規避刑事制裁及刑事裁罰，業者採取之手法，可謂是「道高一尺、魔高一丈」，書中提及，就是雞頭（GTO）利用人頭租用套房，再透過 LINE 聯絡，讓小姐和客人進行性交易；而且九三％都是使用簽證來臺旅遊的外籍女。

因此，抗制犯罪之策略，除了要修訂相關法規，也要採取全球化的犯罪抗制。前者，我們可以看到最近很火紅的《科技偵查法》草案，就是因應上述犯罪現象因應而生（按：檢察官和司法警察可使用定位系統進行偵查，以及利用科技設備進行監看）。近幾年，由於犯罪集團利用 LINE、FaceTime 或其他新興科技的手法不斷翻新，現行《通訊保障及監察法》已經無法有效打擊犯罪；後者，則因全球交易往來便利，犯罪集團之活動不再僅限於單一國家，跨國（境）犯罪已成為現今犯罪趨勢，且由於各國法令不同、受限於引渡（按：將判刑的人移交給外地審判）之限制，常使犯罪集團有機可趁。

其次，性交易或性犯罪歷史悠久，華人文化對於性產業未如西方國家的開放政策，以致在二〇一一年十一月四日《社會秩序維護法》修正之後，對於性產業授權地方政策採取有條件的開放。然而，或基於選票考量，近十年來，沒有一個縣市首長提出相關做法。

基於保障性工者權益及避免潛在的人口販運，政府有必要對於性產業做有效的監管。對於性工作者未來該如何生存？面對性病、人口運毒、性剝削等問題，作者提出 QR Code 管制法，怎麼做？本書都有專業分析。

本人閱讀過不少犯罪剖析專論，大多是翻譯書籍，可能受限於翻譯文字的關係，也可能是文化的隔閡，閱讀起來總是隔靴搔癢。本書是**臺灣第一本兼具學術和娛樂效果的犯罪剖析專論**。在作者的文筆帶領之下，有如身歷其境，讓人想一章章隨著作者查案，不但滿足一般人對於犯罪活動的獵奇心態，同時也能使讀者從專業的角度思考社會現狀。基此，本人非常樂意推薦本書。

作者序

論文不能寫、警察不能說的性產業祕辛，大公開

二〇二〇年，我的一篇〈大臺北地區旅遊樓鳳新興性產業分析〉研究論文，在網路上爆紅並廣受網友討論，讓許多人因此注意到「旅遊樓鳳」這個新興性產業型態，以及對我的真實身分感到好奇，有些人甚至以為我是老司機來著。

所謂「旅遊樓鳳」，就是雞頭利用人頭租用套房，再透過 LINE（臺灣與日本）或微信（中國、馬來西亞）等通訊軟體聯絡，讓客人自行至房間內和小姐進行性交易；**九三%的小姐都是使用簽證來臺旅遊的外籍女**。且此種模式已漸漸取代傳統應召外送到點模式，**成為臺灣目前最主流的性產業型態**。

我不是老司機，我是新北市三峽派出所的基層警察，在職時一邊念臺北大學犯罪學研究所。不過，坦白說，當警察並不是我高中時的人生志向，一開始去報

考警察專科學校，只是抱著姑且一試、當炮灰的想法。想當然耳，放榜後，正取階段並沒有被錄取，原本打算按父親的建議改念生死學系，之後再從事殯葬業（後來發現其實警察看的大體也不少）。然而，就在我準備參加大學迎新之際，卻收到了警專候補錄取通知，就此展開了我的人民保母生活。

從打字小工到樓鳳碩士

從警十餘年來，直接或間接看到被帶到派出所的性工作者不在少數。猶記得畢業當年剛好是網路世代交接的過渡期，警局開始使用報案ＩＳＯ系統，也就是３Ｃ產品。

這聽起來可能有些奇怪，為什要提到３Ｃ產品？因為當時很多前輩還在學習用電腦打字，儘管他們查案很有本事，但由於時代走向無紙化、換成了電腦，所以常讓他們因為打字慢而被人看輕。而我剛好因為線上遊戲玩多了，打字還算快，便成為學長們的打字小工，協同學長們偵辦刑案，也因此看盡人生百態，殺人、吸毒者樣樣都遇過；隔著電腦將學長與犯嫌的對話，再轉換成文字就是我的工作。

當然，取締色情是家常便飯，尤其是我的同學「卓官」，長期支援分局行政組（行政組管八大），時常會執行取締違法的八大行業（按：指舞廳、舞場、酒家、酒吧、特種咖啡茶室、視聽歌唱、夜店、三溫暖），每次看他帶著姿色妖嬈的性工作者返所，就知道晚上有精彩故事可聽。偵辦結束後，聽著卓官分享今天的性工作者國籍、價錢、查獲過程，是我對性產業的初步認識；之後也有參與取締過程，與許多性產業鏈的犯嫌有過交集。

真正決定研究性產業，是在工作十年後某日滑臉書時，看到臺北大學犯罪學研究所的招生簡章，仔細一看，我剛好符合報考資格。就在我猶豫是否要報名時，轉頭看到過去在警專上課買的，許春金教授的《犯罪學》（第四版，目前修訂至第八版）還在書櫃上積灰，便動了報名的念頭。

僥倖錄取後，我一邊當警察，一邊念犯罪學研究所，論文打算研究性產業相關環節，但一直欠缺人脈且無法克服，本來已打算改研究其他項目。但有天在派出所值班時，剛好有一名更生人來報到，讓事情有了轉機。

當時的我並不以為意，因為每天都有一堆從監獄出來的更生人，我也只不過是基於職責多問了一些問題，如案由、刑期等，沒想到竟意外找到我研究論文的最後一塊拼圖。

之後，與該名更生人商量，最後才得以完成此論文。期間也因為妻子懷孕生子，我必須兼顧工作、學業與家庭，蠟燭多頭燒，好在總算沒半途而廢。

當時為了做研究，每天都要截取機房提供的資料，而且絕不能偷懶，因為資料不會等人。每天都在 LINE 看美女照的我，在旁人眼裡，簡直就像是色情狂，同事們經過也都會偷看一下，然後一臉黑人問號。

半年以來，我共花費三百六十個小時截取資料、四百小時過錄機房資料、四十小時訪談研究對象、六百小時寫論文及修改，總時數約一千四百小時。

而這篇論文，原本安靜的躺在圖書館的資料庫裡，直到二〇二〇年，臺灣掀起一場論文抓鬼大賽（查誰的論文是抄襲），我的這篇論文才瞬間爆紅，與政治人物並列點閱排行榜冠軍。因文章有許多專用術語，還在PTT掀起一股好評風潮：「榮哲你贏了」、「何止老司機，根本菩薩」、「老司機山路飆車，沒時間解釋了，快上車」（按：指請求分享資源）。

和論文不同的是，這本書會以更有趣的方式，介紹臺灣目前的性產業，讓讀者降低被「坤哥」詐騙（按：透過網路盜用美女圖片，詐騙遊戲點數、金錢的集團）的機會，以及各式性產業的性價比分析。非常感謝出版社的邀約，也讓我有機會**把論文不能寫、工作時不能透露的產業祕辛**，讓更多讀者知道、也更了解臺灣性產業。

前言

一名基層警察的自白

從事鴿子（警察）這份工作，時常會與各行各業有許多社會歷練的人們聊天泡茶。相信各位讀者都知道，當一群男人聊天時，就會不停的吹牛，滿嘴跑火車（按：指很會說話、振振有辭），說著過往的英雄事蹟。如果身體還行，最常說的就是女人、性功能、各類壯陽滋補食材，分享著征戰各地的豐功偉業。

有次跟學長與地方人士泡茶時，聽著地方人士說到「養小姐」，我本來以為是包養小三、情婦，不料竟是對方有朋友介紹要不要引進外籍性工作者來臺賺錢，說是只要租個套房讓小姐住就好。當時聽來很特別，地方人士還問：「可以試用喔！不給錢就不算嫖了！」（是周星馳的《九品芝麻官之白面包青天》嗎？還不給錢就不算賣？）後來，我陸陸續續拿到許多第一手的資料，才了解到這個新興的旅遊樓鳳性產業的組織與構成。

大家可能會好奇，這到底是什麼樣的新手法？其實，旅遊樓鳳的業者主要吸收外籍性工作者，以自由行（簽證旅遊）方式來臺賣淫，並與旅館或飯店長期合作，讓小姐和客人在房間內進行性交易。

此類型新興性產業是臺商從中國返回臺灣後開始發展的，另外有些則是吸收與中國密集往來的代理、代購商加入或居中媒介，這些人被中國性產業等地下集團利用，替其發展下線並從中獲利。從都市地區（臺北市、新北市）發展到各鄉鎮，全臺皆已有此種新興性產業型態。

基層警察的自白：抓嫖妓是抓心酸的

大家都說：「警察是人民的保母」，幫助弱勢是應該的，但除了最常跑的勤務A3車禍（按：僅有財物損失之交通事故）、民事糾紛，很多時候警察還要負責查緝色情。

以查緝色情來說，這是警察最無奈的工作。因為，抓到小姐送《社會秩序維護法》，抓到嫖客也送一樣法條，但都是不算績效的。只有抓到馬伕（載小姐的司機）或是雞頭（小姐的仲介人）才會涉嫌刑法並有刑案績效（按：二〇一一年《社會秩序維護法》修法後，除性交易專區外，被查獲的娼嫖最高各罰三萬元；此為行政裁罰，非刑法）。

而警察最喜歡刑案績效，因為刑事案件的移送書有積分，能算件數，滿足長官要求（按：刑案積分為評量警察偵辦刑事案件最重要的標準，件數則是內部評比升官的條件），所以警察局會把各種案件配比給分局，例如：槍枝一年要抓幾支、賭場要抓幾場、毒品要抓多少、色情要抓多少。

此外，地區警察之間還有個潛規則：不抓其他轄區的賭博與色情，至於原因就不方便多說。

在色情取締專案期間，我的同事有次好不容易才跟機房約了一位小姐到汽車旅館，支援警力也已到各路口埋伏準備收網——就等小姐被同事打槍（對小姐不滿意，決定退貨）、回到馬伕的車上之際，將同夥一網打盡。結果，沒想到馬伕一發現情況不對，便直接將車子開走，讓小姐與警察當場傻眼。小姐慘遭背叛，警察做了白工，兩兩相顧只好裝作沒看到對方。

以前小姐都是甘苦人，但現在不一樣了

臺灣性工作者多半偏向社會底層，過往有很多女性因家庭生計問題，為了給家人治病或是扶持年幼子女，被迫出賣肉體來換取金錢。最讓我印象深刻的，是吳念真老師的「虎毒不食子」故事，該篇故事突顯了過去女性由於工作選擇性少，為了獲取金錢只能從事出賣肉體的相關行業，如服務業或性工作者等。

至於現今八大行業的女性，則比較接近緊張理論（按：指由於各階層間機會不平等，造成部分民眾以偏差手段達成目標）中的金錢崇拜。

如果今天做八大行業還沒辦法賺到比一般行業更多的錢，那性產業要怎麼以更好的條件吸引新人加入？目前打工的時薪是新臺幣一百六十元，在酒店工作，一節十分鐘，就可收一百四十元至一百六十元，一個小時就是八百四十元至九百六十元，**薪水是一般打工族的五至六倍**（按：全書價格皆為新臺幣）。就算不計小費，一天領個五千元至六千元也不是問題，做一個星期就是其他同輩一個月的薪水。如果願意出場做點特別服務，就可以賺更多外快。

曾聽過某位專做外銷機器零件的中小企業老闆，到酒店交際應酬時，認識了一位畢業於知名大學且精通英、日、韓三國語言的酒店小姐。這名老闆有次要到新加坡參加商展，便讓這個外貌、談吐、學經歷都非常出色的酒店小姐陪同參展。

老闆為此支付了近七十萬元給酒店，酒店小姐實拿約四十萬元，聽起來花費不菲。但在那個月當中，酒店小姐為了達成老闆目標，先是花了兩個星期了解公司及所有生產零件尺寸、規格等專有名詞，最後還幫老闆簽訂了多筆訂單。

據說，那位老闆後來包了個大紅包給酒店小姐。聽起來，以這名酒店小姐的工作實力，要到外商公司上班應該不難，但這位酒店小姐其實有個開服飾店的夢想，下海是為了存資本、累積人脈。無獨有偶，日本也有一位名叫高嶋理惠子的媽媽桑，精通十二國語言、年賺新臺幣八億元，並且還能替各種行業的老闆們媒介生意，才是她最厲害的地方。

而單純做性交易的性工作者，其原由則因人而異，例如：還貸款、一開始被朋友拉進來做，後來沒辦法做其他工作之類的，但目的大部分都是為了錢。目前「單純」只做性交易的臺灣年輕女性（二十五歲以下）已非常稀少，大多分布在中南部，普遍低學歷、無一技之長。許多年輕女性反而比較願意選擇車模、外拍模特兒、直播主等新興行業，甚至提供性服務來換取金錢，相信新聞報導上都不少見。

在我看來，**性產業是社會必然發生的產物**。社會學有派說法，稱犯罪就像是社會生病了，需要醫治，而我認為**性產業就像是社會的性慾，是必然產生的**。

過去清朝時期就不用說了，日據時期在臺灣有花街藝妓，至於戒嚴時期也是有許多大酒家、合法公娼，讓有需求的人有地方可去。但一九九九年，臺北市開始掃蕩色情行業，之後通過廢除公娼制度；其他縣市亦跟進，不准再發牌照給性工作者（見第六十三頁），等同於讓時間自然淘汰現存的公娼。

二〇一一年十一月四日，立法院修正《社會秩序維護法》：在性交易專區內，娼嫖皆不罰，但若是在性專區以外從事性交易，則是娼嫖皆罰。但截至目前為止，臺灣並無縣市設立性專區，賣淫依舊是違法。

換言之，**廢除公娼之後，性產業並無消失；大法官第六六六號釋憲案後**（第六十四頁），**性專區並未產生**；性工作者依舊是拿青春換明天。性專區的指導方向只是空中樓閣，畢竟落實這件事的政治人物可是會被釘在恥辱柱上。

在相關法令制定延宕牛步下，性工作者無法擁有合法的工作權，但她們仍需要工作來換取金錢，因此為了謀生及規避查緝，從此衍生的性產業鏈日漸壯大，而這個**非法產業，最終成為一個你我都知道、卻視而不見的公開祕密**。

Chapter 1

警察帶路！
老司機飆車，快上車

「少年仔，要不要鬆一下？」
她們頂著大濃妝嬌嗲喊著，拿青春換明天。

1 和小姐、雞頭打交道，八大行業追追追

國內學者許春金曾針對臺灣早期性交易的工作型態，將性交易分為拉客型、酒吧女郎、綠燈戶型、應召女郎、巡迴女郎以及其他等。

但隨著時代演進，目前**以旅遊樓鳳**、**個人工作室最多**，其次是外送、酒店（包括阿公店〔無包廂開放式的飲酒店〕）、越南店、按摩（手槍）店，接著才是私娼寮。個別現況如下：

一、公娼

又稱綠燈戶型，臺灣至今仍存在少數，集中在特定地區營業。此種營業方式因政府允許而大量興起，又因制度的廢除而逐漸沒落。特定的經營者又稱**「鴇**

母」，以收買經濟狀況不佳家庭的少女來賣淫，或是替自願從事性工作的女性引介嫖客，從中獲取佣金。

因現行法規，合法妓女戶執照分兩大類。一是「大牌」，發給妓女戶負責人，不得轉讓、繼承。負責人如過世或放棄，該牌照即作廢，不再發新照；「小牌」發給檢驗合格公娼，通常一個房間會核發兩張小牌，意即業者若有兩間房間，就能聘四名公娼。

一九六八年，全臺公娼共有五百零五家妓女戶，但這些公娼館隨著時間一間又一間的關門，已逐漸凋零，被時代淘汰（按：全國尚有合法性交易場所，僅剩桃園的「天天樂」，但現在已變成觀光景點，嫖客可以跟「奶奶」（年紀大的公娼）聊天，也可以摸奶奶的「奶奶」，只需支付些許茶資）。

二、私娼：豆干厝、鐵支路

未持有合法牌照性交易的場所，稱為「私娼館」、「私娼寮」，也即俗稱的豆干厝、鐵支路、榕樹下等。臺灣各地均有此類型營業模式，以下羅列三項最有代表性的處所。

豆干厝通常隱身於暗巷中，並以鐵皮屋建築，再將內部隔成房間，因外型四四方方，就如同豆干一般，因而稱作「豆干厝」。

據地方文史工作者蔡棟雄研究，清末有許多中國移民沿淡水河到三重居住，這些人大部分來自福建省同安縣，其住處就叫「同安厝」，因口音問題，而將「同安厝」聽成「豆干厝」。

全臺最有名的豆干厝位於新北市三重區的正義南路。不過，在二〇一七年，歷經政府的整頓拆遷之後，三重同安公園旁違建的鐵皮屋已全數拆除，目前已轉往至板橋後站、三重天台一帶，並以樓鳳居多。不過，由於豆干厝主打價格低廉、速戰速決，在雲林縣東勢鄉等地，尋芳客依然是絡繹不絕。

「鐵支路」則因緊鄰火車鐵路而得名，由於噪音因素，當地民眾居住意願不高，因此地價相對便宜，進而成為性產業聚集處所。

基隆的鐵支路旁鐵皮屋（龍安街）即是知名紅燈區，自一九四〇年代起，附近就已有私娼寮的存在。該處鄰近基隆港與崁仔頂漁市場，最興盛時酒家、PUB、小吃店林立，更有不少軍人，船員、工人前往該地消費。

我聽當地學長說，東南亞籍的小姐還不少，而且有幾間店家花招較多，平均從事賣淫的茶齡為三十歲到五十歲，但偶爾也有年輕的，價位則落在一千元到兩千元。客人一次消費的時間，大多是十五分鐘至二十分鐘。

這類拉客型的性工作者大多穿著暴露、頂著一臉濃妝，在街邊搔首弄姿、搭訕路人，被稱為「流鶯」。若路過的男性受不了誘惑，就會被帶到附近處所進行性交易。

流鶯多半來自社會低下階層，工作需要配合地方集團（角頭等）的協助，以便在熱門地點進行拉客，因為收入不高、沒有其他謀生方式或是急需用錢，因此也是最難脫離性產業的類型。

三、理容院／按摩店

更早也稱為**理容院**，目前**中南部還剩下一些**，過去是專為男性打理門面的地方。除了洗頭、按摩、剪鬢、刮鬍、泡手腳、修指甲等服務，亦有專人擦拭皮鞋，可說是相當享受的服務。然而，隨著人們消費習慣的改變，**逐漸變成以按摩為主**。至於性服務得看小姐與客人私下交易的狀況，一般不在店家服務項目之中。也就是說，在包廂內發生的任何事都與店家無關。

雖然依法律規定，按摩業不能使用有門的包廂，但因為隔間較為隱密，業者通常仍會以通關密語、加值服務等方式，提供性服務或性交易。

▲從基隆精一路到龍安街，著名紅燈區。（圖片來源：Google）

此類型種類繁多，又因網路行銷興起，有不少都改做個人工作室，以各項超值服務吸引客人上門。另外，還有養生會館，這種就得跟小姐培養感情，才會有加值服務。

四、應召站

主要負責媒介性工作者及嫖客。由嫖客主動與應召站聯絡並告知需求，再於約定地點進行性交易。相較於固定點位式（例如：妓院），具有保密性高、不影響雙方生活等好處。性工作者也能彈性選擇兼差，保有原有工作或是全職，並且發展出機房、馬伕等相關附屬職業，將性工作者送至旅館或住家。不過，性工作者能夠獲取的利潤相對較低。

以前的**應召女郎是高級妓女**，價格普遍較高，而且背後都有應召站掌控、訓練（傳聞還有間諜訓練），專門為上層社會人士、名流富豪提供性服務。

和前述類型不同，她們大多**依靠專人聯繫**、**接送**，**自行至飯店或公寓服務顧**

客，因此只接熟客的生意。

不過，此類型目前也因社會變遷等因素，依性工作者素質，產生價格區隔。過去應召女郎加入後，集團會雇用一名專門檢查身體的技師，依照皮膚、面容、身材、三圍、性器等，對性工作者進行評價；現在則是單純就國籍、年紀、三圍來分類。

此外，應召站**為躲避警察查緝，時常會變換地點、電話**，不過他們還是會與合作的飯店、旅館保持聯繫，以確保客源。

臺灣性產業目前仍有許多不同樣貌，以下為資料整理參考（下頁圖表1-1）。

性產業各種交易模式概況

在過去沒有手機或電話的年代，如果想要「鬆一下」，最快的方式就是去車站附近的小旅社外逛逛。在那裡，你會遇到許多中年男女問：「少年仔，你要不

項目	價錢、內容
酒店	從事外場小姐，3,000 元至 15,000 元不等，要看小姐身高及面貌；而在店家以半套方式（口交）從事性交易者，為 1,000 元至 2,000 元。
援交妹	以臺灣年輕人自營居多；多以網路或 APP 的方式尋找對象交易。一般來說，為1,000 元至10,000 元左右。
小吃店	以陪伴男性聊天或於包廂內從事性交易為主。無底薪，僅收些許檯費、小費，或是陪客人玩性遊戲，或於現場性交易以此換取金錢。
牛郎店	以陪伴女性聊天或從事外場性交易為主，有時也會接同性男客。無底薪，僅收些許檯費，或是靠客人「賞大酒」，大酒一杯 700 元至 1,000 元；也有從事外場性交易。
第三性公關	・以男扮女裝方式坐檯陪酒的場所。 ・第三性公關酒店的「小姐」，部分為同性戀者，且大多為「零號」（男同性戀中扮演女性角色者）。客人如果是「一號」（男同志扮演男性角色者），雙方看對眼，談妥價錢，一樣可以做外場，價碼由 5,000 元到 10,000 元不等，店方不另抽頭。

資料來源：整理自徐新淵（2009）。

※新臺幣價格僅供參考。

圖表 1-1 臺灣性交易各種模式

項目	價錢、內容
應召站	・國內：北部 4,000 元起、中部 3,500 元起、南部 3,000 元起。 ・國外：以國籍分 3,000 元至 300,000 元不等。
性工作者	政府立案（公娼） ・短時：1,000 元（每時段以 15 分鐘計算）。 ・留宿：2,000 元（從凌晨至晚上 8 時止）。 ・新娼者，另議。1,000 元至 2,000 元不等。
私娼	以姿色年齡而定，從 500 元至 2,000 元不等。
泰國浴	一節為 60 分鐘計算，全套 2,800 元，只陪浴 1,600 元，以女子及營業場所水準之高低而定。
馬殺雞	以出場交易居多，只要付鐘點費給小姐，即可帶出場。出場費至少以 2 小時計算，較高級者為 800 元；色情交易則由小姐與客人議價，一般為 3,000 元。
酒廊	一般陪宿 8,000 元、休息 5,000 元，出場費另付。全場：4,000 元，半場：2,000 元（以小姐及營業店水準之高低而定）。
酒店	包括禮服店、制服店及便服店，其中又可分為在包廂內從事性交易或買小姐鐘點、帶出場從事性交易。

要鬆一下？」如果有意願，大哥或大媽就會帶你進入小旅社內挑選小姐。

之後，市內電話開始普及，有許多小廣告貼在公用電話，或是貼在機車上，上面寫著「我叫小美，想要愛愛~02-1234567」。如果有興趣、打電話過去，通常會轉接至應召站的電話總機，他們會告知你到特定旅社挑選小姐並為愛鼓掌（按：因鼓掌會發出啪啪啪的聲音，而暗喻性交）。

自從各種特色汽車旅館與手機開始流行以後，如果想要為愛鼓掌，可先到汽車旅館開個房間、休息三個小時，再自己聯絡應召站；如果沒有門路也可以請門房介紹小姐，馬伕便會將小姐外送到房間內，如果不喜歡就打槍（換人）。

而後演變成，我們常聽到的喝茶吃魚，「茶」指的是有經紀人或公司排定班表，或有透過應召站攬客的性工作者。而「魚」指的是不隸屬於任何公司或集團的個體戶性工作者。

賣淫方式五花八門，我也是從警多年後才知道，去酒店可不像光顧便利商店，進去就有人對你說歡迎光臨。對於高檔禮服店如×亨來說，客人須先跟酒店經理預約包廂，再視需求決定包廂大小。

在酒店，不用動手就能得到最好服務

與過往景氣最好時，常租用大包廂把全部小姐留下撒錢的玩法不同，現在講究的是CP值，三、四個人去，只要點個小包廂就好；有些酒店還開放下午場，這些可是過去沒有的。

現在最常見的是幫客人準備好「桌面服務」，例如水果盤、熱毛巾等。若客人不想喝酒、改喝茶也行，這些禮服店的小姐都訓練有素，知道如何讓客人不用動手，就能得到最好的服務，很適合談生意或體驗戀愛的感覺。

而制服店與便服店消費，走的是比較肉慾、情色的路線。制服店會讓小姐們穿上一樣或類似主題的制服，便服店則是讓小姐自行發揮優勢。

這兩種模式各有特色。只不過，到這兩種店家消費的客人大多是為了滿足性慾，所以從進包廂的開場秀脫衣舞，到點小姐的特殊暗語，如「接S的再坐下」（按：S代表全套性交），以及骰子拔毛、洗面奶等特殊玩法，都是為了讓客人掏更多小費。

至於**手槍店通常都是老司機去**的。如果只是追求感官刺激，一般喝茶吃魚不太可能解鎖什麼新姿勢，都是客人趕快「出來」，小姐才能接下一個。手槍店的玩法在日本就有很多不同的流派，像是「東北龍捲風尻槍手」之類的，如果不追求小姐外型，則又有不同的樂趣。

2 傳統應召分工，三七仔拿最多

從前述的性交易方式可以發現，嫖客時常都是一時「性」起，需要經由多層轉介後才能真正「為愛鼓掌」。

那麼，傳統八大行業是怎麼分工的呢？在性產業鏈中，性工作者要接工作需要拜託GTO（又稱雞頭，嫖客對GTO的戲稱），雞頭則是需要三七仔（因抽取性交易價金三成佣金）替他介紹客人，形成一個產業鏈（下頁圖表1-2）。

有趣的是，參照國內外性產業發跡點，通常都與碼頭相關，繁華的商業行為，帶來的不只金錢，也需要有消費的對象，性產業便應運而生。國外如荷蘭的阿姆斯特丹，國內則是大稻埕、剝皮寮老街等，都是如此發展而來的。

電影《艋舺》中的「寶斗里」（現為青山里）也是此種類型，該地曾是風化

圖表 1-2 傳統性產業組織之分工

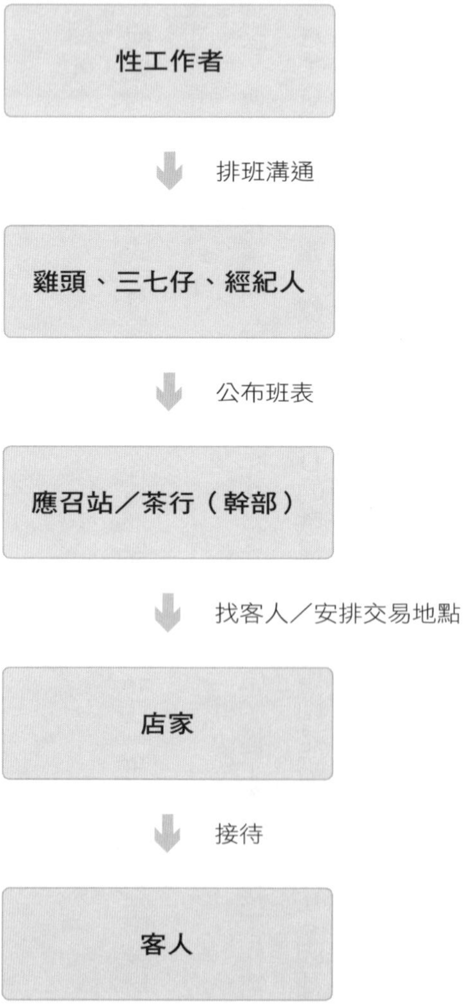

小區，當夜幕低垂，就會有三七仔在巷弄拉客。在當時，對於熟門熟路的客人來說，當然不用別人帶路，但因為許多潛在消費者並不清楚找小姐有哪些管道，所以只能依賴三七仔介紹。

然而，由三七仔拉客衍生的治安事故層出不窮，除了剝削小姐的費用，碰上消費糾紛時，有些人甚至會把客人痛打一頓。

傳統性產業的剝削問題實為嚴重。因此，小姐每次收到的錢都是過路財神。我曾經抓到應召站外送的小姐，因為需要檢查身上是否有攜帶犯罪工具、危險物品等，結果發現小姐的包包內有一大包婦產科的藥。

經詢問後，小姐表示因為常與不同人發生性關係，客人的手不乾淨都會造成下體發炎等問題，讓她時常需要去看婦產科。

嫖客如果支付五千元的嫖資，**小姐最後拿到**的可能只有兩千三百元，還**不到全部的一半**，這些錢**還得拿去支付馬伕費用**、**吃飯**、**買化妝品**、**治裝**，最後還要看醫生，根本所剩無幾。

在傳統應召站中，分成獲利最多的是三七仔，風險負擔最低的也是三七仔。因此，在其他從業人員都被三七仔剝削的情況下，組織的分工產生轉變亦不難理解。

當一項商業行為被某個角色卡住源頭的時候，自然想要突破困境。後來，**三七仔便逐漸被排擠出產業鏈，並轉以經銷、行銷的概念來經營**——旅遊樓鳳崛起（第一五六頁）的關鍵因素之一。

性產業專業術語，新客必入門

以前替學長做警詢筆錄的時候，時常會聽到很多代稱詞，像是四號（海洛英）、軟的（安非他命）。

性產業中，也是有許多特別的術語，像是〇・三、〇・五、一，就是指提供不同程度的服務，其他像是**音樂課**、**體育課**等，也是代替某些名詞，以規避查緝及增加警方偵辦的困難。

只不過，這些代稱也可能是廣大群眾的創意，以此約定俗成而廣為流傳，最後變成**辨別是否為新客或是鴿子**的成分居多。

以下介紹性產業幾個重要的名詞與職業：

- **性產業鏈**：以提供性交易服務所需為營利目的的個人或組織。
- **性交易**：指不特定性消費者以金錢為代價，換取性工作者提供的猥褻或性交行為。
- **性工作者**：以性交、口交或手交、足交等，與性器官接觸；或者以性相關服務換取金錢，並賴以謀生的職業統稱。
- **性消費者**：以金錢換取性服務的消費者，俗稱為嫖客，臺灣性消費者以男性居多。
- **掮客**：指替人介紹買賣，從中抽取佣金的人。性產業中，時常需要互相牽線，嫖客需要三七仔，小姐需要經紀，都是從中抽取佣金。性產業中的掮客依其工作模式又分為雞頭（GTO）、三七仔、經紀人等。

- **水房掮客**：負責替水房（洗錢）介紹各種需要洗錢服務的顧客，以及拉人進入旅遊樓鳳從事經紀，但不會從性交易中抽取佣金。

水房掮客平日不一定從事非法行業，但時常需將獲利跨國匯兌，負責著把餅做大。水房會支付「打水錢」，也就是佣金給雞頭掮客。

- **三七仔**：因**抽取性交易價金三成佣金**，俗稱為三七仔。掌握嫖客資料，負責媒介嫖客與小姐，在過去性產業模式中，為一筆性交易中的主導發起者。
- **經紀人**：負責聯繫各應召站，安排性工作者接客時間，協商工資等問題；亦從性交易中抽取佣金或介紹費。

另外，我將交涉性交易時，經常使用的專業術語整理成下頁圖表1-3：

圖表 1-3 性交易常用專業術語

專業術語	意思
機房	負責仲介嫖客、三七仔與性工作者之間完成性交易。
茶行	應召站的代稱，因各種性產業行話比照正規茶行賣茶使用的切口（按：江湖上的黑話），後來為躲避查緝便代稱為**茶行，俗稱「公司」**。
水房	將錢透過不同帳號，輾轉匯出國外洗錢，將錢漂白的地方。水房的利潤來自於洗錢的抽成，抽成為 10% 至 20%。
0.3S	又稱 1/3S，性工作者穿著衣服，以手幫嫖客進行性服務；又稱手排。
0.5S	又稱 1/2S，俗稱半套，性工作者全身沒穿衣服或上半身沒穿衣服，除陰道性交外，小姐替嫖客以任何方式進行性服務。例如：口交。
1S（全）	俗稱全套，S 為 Sex 的簡稱，性工作者與嫖客進行陰道性交。一般約 40 分鐘至 50 分鐘。
炮房	旅宿業者經營之旅館、飯店，即日租套房、月租套房，需有衛浴設備以及床，以利進行性交易。
魚	指個人工作室、援交妹、兼職等個體戶，相關資訊俗稱「魚訊」。
茶	即應召女子，隸屬應召站，相關資訊俗稱「茶資」。
明配	性工作者在茶資、魚訊上，寫明從事何種性服務。
暗配	性工作者未公布性服務價格，需嫖客私下協商。
阿六	中國籍性工作者，又稱「左岸」。
菜雞	剛加入喝茶吃魚行列的性消費者。

3 性交易明明除罪了，為何賣淫仍非法？

許多臺灣男性在當兵期間首次接觸到性產業，尤其在駐守具有戰略地位的離島時，軍方為了避免軍人因生理需求造成治安問題，便設立特約茶室，是政府設立最廣為人知的合法性產業，也成為許多男性的共同回憶。

當一群男人聚在一起打屁聊天時，往往只有幾個話題，而「當兵」及「女人」絕對是前幾名。回憶當兵的過程中，互相取笑對方第一次去性產業的美好或趣事，再再顯示了性產業與社會緊密結合。

強者我朋友曾說，他們以前在某個上過各大新聞臺的裝甲營區當志願役，同寢室的放假都不回家，等待「么八假」（按：禮拜六早上八點出關，俗稱洞八假）的同時都在討論等一下要去哪一間「喝茶」，內容不外乎是「茶資多少」、

「上次那個小姐不錯，可以去看看」；而收假時，同伴討論話題也都是「某店來的小姐很正喔」、「我弄了歐郎（黑人的臺語）」之類的對話。

但隨著時代的變遷，多數傳統性產業已慢慢消失，只存在尋芳客的回憶中，也因躲避政府查緝，演變成許多不同的方式，繼續存在於社會的陰暗角落。光鮮亮麗的都市背後，總存在著為了生存掙扎的性工作者，可說是全世界的共通問題，臺灣也不例外。

性產業由四個環節所構成，包括最基本的兩個人（小姐與客人）、與性有關的服務、財物交易、工作場所。

若我們回顧世界歷史，就會發現性產業在市場競爭下，發展出各種層出不窮的服務方式，但永遠不變的是——性產業從未消失。

以下我將從歷史的角度，帶領各位讀者了解臺灣性產業的演進，大致可分為以下四個階段（見下頁圖表1-4）：

圖表 1-4 性交易演進的四個階段

1946-1956 年	國民政府廢除公娼時期，設立特種酒家。
1956-2002 年	設立公娼制度，雖然合法，實為由地下勢力所掌管。
2002-2011 年	性工作轉型，公娼自此走入歷史。全面禁止性產業。
2011 年至今	大法官釋憲第 666 字號後，修改成立性專區。性交易雖然除罪化，但沒人敢設性專區。

一、類公娼制度：特種酒家

所謂公娼制度，是指有向政府申請營業登記，並在政府管理下納稅及接受健康檢查等的合法營業處所。

二次大戰結束後，國民政府在一九四六年，以提高婦女的人格地位及改善社會風氣為名，對於侮辱女權的職業，如酒館女侍、跳舞場、公娼等，都將限期取締，是臺灣自二戰以後首度實施禁娼。

從當時的資料顯示，此次

廢娼政策的執行成果並不佳，對於性產業業者而言，**只是換個名稱繼續從事性交易**。除此之外，還導致性產業轉向地下化，並以合法掩護非法，為性工作者提供更多交易機會與彈性遊走的空間，同時也讓性產業問題更趨複雜。

而臺北市首創的「特種酒家」可視為一種變相的公娼制度，起源自臺北市政府發現性產業有脫管的情況後，便於一九四七年一月，研議訂定「臺北市特種酒家暨特種酒家侍應生暫行管理條例」，將性產業納入管制，而後其他縣市也跟進採用。

此時，性產業的場所被稱為「特種酒家」，但這類換湯不換藥的方式，其實就是**政府名義上的合法公娼制度**。

一九五一年，政府有鑑於各縣市均成立特種酒家，擔心影響社會安寧秩序及民眾身體健康，相繼訂定了法規，從試辦階段轉為正式政策，臺灣可謂進入了公娼時代。

二、公娼制度：政府管不了，變地下勢力掌管

一九五六年，政府頒布了「臺灣省管理妓女辦法」，因成效不彰，一九六一年另外訂定「臺灣省各縣市（局）管理娼妓辦法」，希望各縣市加強取締娼妓。但是一九六二年，又修改了該辦法第三十二條，對於各縣市政府無法確實清除娼妓不再強求，使得娼妓問題變成由地下勢力掌管，警察取締為輔，反而造成私娼問題嚴重。

三、性工作轉型時期：廢公娼

此時期臺灣經歷經濟起飛，性產業也朝多元化發展，除了單純的性交易以外，還從日本及各國引進了形形色色的性產業，例如坐檯陪酒、伴唱、伴舞、伴遊、色情電話、指壓按摩、護膚中心（按：以臺北居多）、摸摸茶（也稱為茶室，早期是為了勞工階級而開設，中南部比較多）等。

不過，各種性產業蓬勃發展，亦引發許多社會問題，同時女權團體也為爭取

權益而發動多次抗爭。

當時，因為女權團體抗議聲不斷（立場不盡相同，反對與支持的聲浪並存），一九九七年時任臺北市長的陳水扁在市議會宣示掃黃決心，並宣布即日起不再發放性工作者證，隨即在同年決議廢止「臺北市管理娼妓辦法」，並於同年九月執行收回公娼館的營業牌照及公娼的性工作者證。

然而，在公娼與社運團體抗爭下，臺北市政府繼任的市長馬英九決定重新訂定辦法，讓公娼有兩年的緩衝期。一九九九年一月二十五日，臺北市政府發布了「臺北市公娼管理辦法」，並另外設立輔導公娼轉業的「彩虹專案」。最後，於二〇〇一年三月二十八日，臺北市的公娼制度正式走入歷史。

在臺北市廢娼之後，雖然其他各縣市仍有公娼領有執照繼續執業，但已不准再發牌照給性工作者（第四十頁），等同於**讓時間自然淘汰現存的公娼**。

四、性工作除罪化了：為何賣淫還是非法？

如果性工作者被查獲從事性交易，將以《社會秩序維護法》第八十條第一項對其加以處罰，但是罰娼、不罰嫖。

二〇〇九年，兩位宜蘭地院簡易庭法官林俊廷（現為司法院民事廳法官）、楊坤樵（現為臺北高等行政法院法官）針對此情況向大法官聲請釋憲。大法官們便公布了釋字第六六六號解釋，認為該條規定違反憲法平等原則，應於解釋公布之日起兩年內失效。

二〇一一年十一月四日，立法院修正《社會秩序維護法》：**在性交易專區內，娼嫖皆不罰，但若是在性專區以外從事性交易，則是娼嫖皆罰**。

此修正案通過以後，地方政府區可以制定自治條例，規畫合法的性交易專區，或讓既有合法的性交易場所原地繼續營運。目前已訂定自治條例（公娼）的縣市為桃園縣、臺中市、臺南市、宜蘭縣及澎湖縣政府。

黑道、小姐、雞頭……誰利用誰？

然而，截至二〇二一年，全國尚有合法性交易場所只剩下一家，即位於桃園民權路口的「天天樂」（按：另一間澎湖的「沁樂園」，因負責人已於二〇一九年底過世，不能過戶，正式吹起熄燈號）。

桃園地方法院法官錢建榮認為，性交易除罪化等同於空有口號，因為目前沒有地方政府設專區，也沒有設立時限、義務，人民也沒有請求設立的權利。

於是，雖然設立了性專區，但地方政府卻遲遲不願意成立性專區，**導致許多性工作者的工作權缺乏保障，只能依附在黑道勢力**，甚至遭到性剝削。由於賣淫目前仍是非法，她們只能冒著風險工作，但其實有很多小姐是為了可以安心工作，才繳交保護費給黑道，讓黑道協助類似藝人經紀的工作。如此一來，除了降低風險以外，也能讓她們專心工作。因此，若在合理價格的範圍內，或許也是一種雙贏吧。

最大的問題就在於，性專區內的性交易屬合法，但現在有性專區嗎？沒有！所以簡單來說，就是**面子工程，說的很好聽，但實際上沒有任何幫助**。

那你可能會問：警察會抓嗎？就以萬華地區來說，相信大家去龍山寺夜市逛街時，都會看到很多警察站在小巷子口，但是不會進去「巷子內」多事，為什麼呢？在這裡，我必須先寫下不自殺聲明——當然是因為政治妥協。其他的就不多說，不然真的就要被自殺了。

無論未來性產業的經營狀況將如何，是否有更嚴重的性剝削，或是轉變成一般的性工作，這都無疑揭示臺灣性產業正走向全新的模式。

4 新南向政策，新賣淫政策？

外國籍性工作者的引進，約莫起源於二十年前，也就是一九九〇年。

最早，主要是中國籍性工作者以人蛇偷渡，然後演變成「假結婚真賣淫」的方式來臺從事性交易，但因為限制多、監控程度高，身分證取得不易等缺點，所以在二〇〇三年，當有更便宜的越南新娘出現以後，很快就被取而代之。

然而，因民情衝突等問題，例如越南為女性掌權的母系社會，因此她們在拿到臺灣身分證以後，往往因家庭衝突聲請保護令。有鑑於此，政府修訂中國外籍配偶的面談制度與境外訪談措施，藉此限縮其入境人口數。

至此，臺灣性產業又轉而尋找替代品。二〇一一年，政府逐漸開放中國觀光團來臺旅遊及有條件的自由行之後，中國籍性工作者又成了主要市場。

圖表 1-5 政策對外籍人士賣淫的影響

1990 年	引進外籍性工作者，例如假結婚真賣淫。
2003 年	更低價的越南新娘取而代之。因民情衝突等問題，而後限縮來臺人數。
2011 年	政府逐漸開放中國觀光團來臺旅遊及有條件的自由行，市場轉以中國籍為主，並於 2014 年達到高峰；又因中國厲行掃黃，以致中國籍性工作者遍布全球。
2016 年	實施新南向政策，對東南亞各國，例如泰國、馬來西亞等國，實施免簽證等相關優惠政策，促使東南亞籍性工作者來臺人數增加。

中國籍性工作者來臺灣的高峰期，出現在二〇一四年。當時，北京政府對東莞、海南等地實施掃黃行動，迫使中國籍性工作者另尋生路。

在這之後，經過人力仲介逐漸遍布至世界各地，同為使用華語的新加坡、馬來西亞等地都是如此。當然，臺灣也是優先選擇。此時，**中國籍性工作者同樣也是旅遊樓鳳性產業發展初期的主**

要來源。

此時，由於來臺旅客人數增加，臺灣的新興飯店及旅館林立，促使不少老舊旅館或飯店轉型，開始協助性產業經營，讓各國小姐在飯店裡接客。

二〇一六年八月，因政黨輪替後實施新南向政策，對東南亞各國，例如泰國、馬來西亞等國，實施免簽證等優惠政策。依觀光局來臺旅遊人數資料顯示，二〇一七年東南亞籍旅客大幅成長，約兩百一十三萬人。

而在東南亞籍旅客人數增加的同時，也讓泰國、馬來西亞籍等國家的性工作者能輕易進入臺灣，並配合地下業者從事性交易。

此種情況逐漸嚴重。二〇一七年，許多民意代表多次在國會質詢，表示新南向政策就是讓東南亞籍性工作者來臺賣淫的政策，例如前任立委陳怡潔於立院質詢時曾提出，二〇一五年泰國人來臺賣淫者僅有三人，然而在實施泰國來臺免簽證以後，該年被查獲賣淫人數就增加為十一人；二〇一七年更暴增至兩百一十人（見下頁圖表1-6）。且該年度被查獲賣淫的外籍人士更高達六百四十人，其中以

圖表 1-6 新南向國家人士來臺非法賣淫案件人數

國籍＼年分	2015	2016	2017	2018
泰國	3	11	**210**	659
越南	55	38	86	1613
印尼	50	19	18	357
菲律賓	0	1	1	269
馬來西亞	0	0	1	175
緬甸	0	0	2	0
寮國	0	1	0	0
小計	108	70	318	3073
其他國籍	166	217	322	92

人數暴增

資料來源：警政署（統計時間為 2018 年）。

※此為外籍小姐在臺犯罪數（依《社會秩序維護法》），非刑法妨害風化（罰馬伕和雞頭）。

泰國人比例最高，占了三二・八%。二〇一八年，東南亞籍旅客的賣淫人數更是大幅攀升。

到了二〇一九年，中國官方下令暫停來臺人數占大宗的自由行旅客，使得觀光客大量減少、住房率大幅下降，而旅宿業首當其衝，自此進入寒冬。

於是，新興飯店為求生存也開始接受小姐

在飯店內特殊營業。

簡而言之，**臺灣性產業多元化的開端，始於民國九〇年代初期的「假結婚，真賣淫」**。這些中國或東南亞地區的女性，以偷渡或假結婚的方式到臺灣從事性交易，而後**以仲介、車行、飯店、小姐、假丈夫、顧客**，逐漸建構成新的性產業型態。

然而，隨著網路及智慧型手機的普及，在臺灣想要從事性工作不必再依靠傳統的人力媒介方式。需要金錢的女性只要使用網路或交友軟體，即可尋找合適的人選，還可以由自己控制工作時間與地點，避免被性產業集團剝削。

當傳統性產業所能提供的性工作者人數減少後，性產業將會如何演變？是提高價錢抑或是引進外籍性工作者？是否會利用科技來增加年輕客群？抑或是以科技規避警方查緝？

沒錯，近年來隨著跨國移動的增加，在臺灣出現了最新跨國性產業型態——「旅遊樓鳳」。

性產業檔案

越南妹轉愛歐巴，不找臺灣郎？

根據內政部移民署二〇一七年統計資料顯示，外籍配偶歸化取得臺灣國籍者有三千兩百五十二人，較二〇一六年減少三百六十人，減幅達一一％，跟二〇〇八年比，則減少了近一萬人，減少幅度達七五・四二％。為什麼？因為，現在越南妹都轉嫁到韓國找歐巴去了。反觀，在臺灣的越南女子因相關因素如年紀（按：自二〇〇三年引進，越南籍性工作者近四十歲）、政府政策等，讓臺灣各地曾經風靡一時、以敢玩著稱的越南小吃店逐漸沒落。

5 旅遊樓鳳：專養外籍小姐

旅遊樓鳳最早被發現於二〇一四年，由移民署偵破賴姓主嫌為首的賣淫集團，此一新型態性產業才浮上檯面。

原本在犯罪學相關分類中，並沒有旅遊樓鳳。女性以旅遊簽證跨國從事性交易叫做「旅遊賣淫」（Tourism prostitution），男性去其他國家買春則叫「性旅遊」（Sex tourism），所以我就把**使用旅遊簽證來臺**，住在套房內的一樓一鳳性交易模式稱為「旅遊樓鳳」。

何謂**旅遊樓鳳**？

就是租用流動性、隱密性高的套房（內含浴室），以利性工作者提供性服

務，以一間套房容納一名性工作者，供不特定的性工作者使用。字面上可以拆解成在飯店的一樓一鳳，或是日租套房式的一樓一鳳。

相對於過去依賴三七仔仲介，旅遊樓鳳主要利用現代消費者愛用通訊軟體的特性，讓不特定的性消費者看見訊息後主動加入 LINE 群組（機房），並且由機房每天公布旗下性工作者的工作時間、地點、照片等資訊，供嫖客參考。

嫖客可依個人喜好及需求選擇性工作者，隨時與機房聯絡。待機房接獲訂單以後，會轉與雞頭聯絡，確認小姐的工作時間（下頁圖表1-7）；若確認有空檔，便媒合成功。而後，約定好性交易時間及地點，消費者前往該地進行性交易再自行離去即可（第七十六頁圖表1-8）。

旅遊樓鳳的雞頭只要利用人頭租幾間套房，或是與地方生意不佳的便宜旅館合作，就可以從中獲利。而且性工作者與雞頭之間的分工相當明確。每天由雞頭送三餐與日常用品，例如沐浴乳、保險套等（如果住在飯店，則由飯店提供毛巾）；小姐則是負責增加性交易次數，以此共同謀取最大利益。此外，經營地點

圖表 1-7 機房與小姐確認時間示意圖

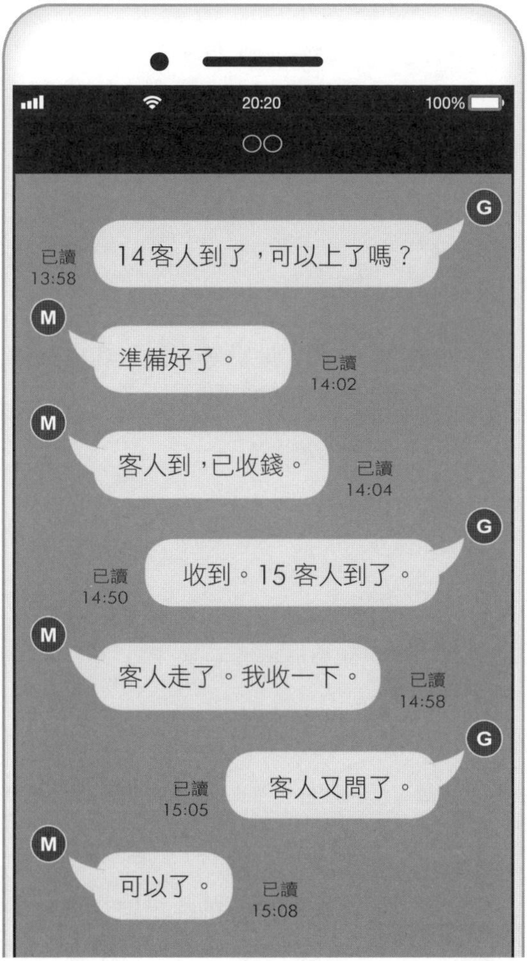

※G 為機房；M 為樓鳳小姐；14、15 代表時間，下午兩點及三點。

圖表 1-8 旅遊樓鳳的分工模式

嫖客

去除三七仔。
自行加入、選擇小姐。

↓

機房

負責成立帳號。每天發布小姐照片、地點等資訊，和雞頭聯絡確認小姐的時段。

↓

雞頭

確認該名小姐是否有空檔，媒合交易時間、地點。

↓

媒合成功

嫖客自行前往小姐營業處；完成性交易後，嫖客自行離去。

以交通便利性為最大的考量。將地點設在交通便利的地方，不僅可以讓性工作者及嫖客輕鬆抵達，更能提高顧客消費的意願。

「臺灣幹部只負責租房子、送飯送毛巾，重點是要容易停車或是在捷運站附近。另外，還要有衛浴、熱水。如果小姐生病，就買個感冒藥給她，讓她休息一天，因為出事也很麻煩……要一直洗澡又不穿衣服，當然容易生病。」

——雞頭

性工作者在當地與仲介聯絡之後，通常會有兩種方式，一是由臺灣幹部挑選性工作者，二是由性工作者自己挑選居住地點。

有趣的是，我發現，**如果性工作者本身條件較好，就會選擇較好的居住環境**，例如飯店或小豪宅，以此包裝方式讓自己可以賣得更高價；如果是條件較差的女性，多半僅選擇套房或偏遠地區。

性產業檔案

一樓一鳳

最早起源於香港，雖然法律並沒有禁止性交易，但也不能媒介色情或經營妓院。於是，便演變成在一個房間內，只有一名性工作者的經營模式。過去可能依靠口耳相傳，需要集中在鬧區，讓嫖客進入某間大樓每間敲門詢問。後來網路發達，現在也可以直接前往喜歡的小姐住處，降低選擇的時間。有興趣的讀者，不妨參考電影《金雞》（按：*Golden Chicken*，二〇〇二年上映的香港電影，由香港女星吳君如飾演妓女）。

香港法例第二〇〇章《刑事罪行條例》一一七條：「任何處所由超過二人主要用以賣淫用途即可被視為『賣淫場所』。任何人管理、出租或租賃賣淫場所都可被檢控。」

此外，由於機票等交通費用，都是由小姐自掏腰包，獨自或結伴來到臺灣，所以這些性工作者多半沒有遭到業者的暴力脅迫。也因為如此，她們在臺灣賣淫之餘，也有自由活動的時間；即使身體不舒服，也不會被強迫接客。

因旅遊樓鳳入門容易，已有逐年擴大的趨勢，成為臺灣性產業的主流之一。業者為了規避警方查緝，可以說是招式盡出。有些經營者為了將性產業市場做大而不被法律制裁，甚至**不惜重金商聘請多位法律顧問提供經營相關諮詢**，以規避或妨礙司法單位進行查緝。

政府有清樓專案，但我抓樓鳳靠香水

有一回在執行「清樓專案」（就是清查出租大樓的勤務）時，當時我們有四名警察，兩人一組全副武裝的依次敲每間套房，查證套房內暫住人口的身分，順便看看內部有無可疑的物品。

通常吸毒的人身上會有股毒品的臭味，像是K他命就有個塑膠味，我與學弟站在某個套房門口時，就聞到一股濃厚的廉價香水味，我向學弟稱：「欸，這一定是小姐，就算不是在這裡做，也是在其他地方做。」

學弟當下不信，而後房間打開是一名女士，年約三十多歲，目視房間有生活痕跡，也就是有衣服及垃圾，學弟拿行動電腦查證該名女士，果然跳出《社會秩序維護法》等紅字，我便開口問該名女士：「上次被查到是什麼時候？」

那名女士辯稱：「之前是在××處被查到的。」看來對於警察知曉其工作也不意外。

「妳是做外送還是在店？」

「之前年輕的時候在酒店，後來就坐車（外送應召），現在很少做了。」

「現在做什麼工作？」我繼續追問。

「現在在按摩店。」她回答道。

「在哪裡啊？」

「中山區。」

「〇．三還是〇．五，有全嗎？」我很好奇她的工作內容，於是脫口說了「俗語」。

「怎樣？警察帥哥，你要來喔？」那名小姐聽到俗語似乎放開拘謹，開口調笑了起來。

「哪可能去，問一下而已，現在價錢怎樣？」我拒絕小姐後，繼續問。

「現在很難賺啊，底台才一千三百，實拿五百，多打一隻才多三百。」底台是嫖客進去消費一小時，不含性服務新臺幣一千三百元，小姐實拿五百元；多打一隻則是在包廂內與客人講好提供打手槍服務，額外拿到三百元。

因為不是上班時間，小姐似乎也不怕警察問。

「生意怎樣啊？」

「生意不太好啊，你們一直來查，每天都來，我們店都休息了。本來我現在應該要去上班的。」小姐持續抱怨。

我看那名小姐開始抱怨，便將門關上並中止對話。學弟事後詢問為何還沒打開門就知道套房內的特性，我便告知是詭異的「香水味」。

我曾問過多名性工作者為什麼要用如此重的香味，得到的回答不一，有些人是出門工作時間很長，所以噴重一點；有些是因為要一直洗澡；再者，也有抽菸所以噴重一點等，但特別的是，性交易價金越高的性工作者香水味越淡、越高雅，這可能是為了迎合嫖客。

此外，在查緝色情時，**門口的鞋子款式與擺放**也是判斷的依據。

小姐真正住的房間，門口通常會擺放很多廉價高跟鞋，而且房間非常凌亂；但如果是小姐工作（性交易）的房間，門口就只有一雙高跟鞋、一雙拖鞋，套房內也非常乾淨，只有沐浴乳、保險套、毛巾等工作用品。其中，最好認的是粉紅色保潔墊（按：美容院常用的床墊），每次看到就是「抓到了」。

Chapter 2

旅遊樓鳳交易大揭密：菜雞、乖乖女都能聽懂 men’s talk

從當街拉客、喝茶吃魚，到 LINE 情色訊息，
我們看到的，只是冰山一角……。

1 有大哥罩，警察變老司機

旅遊樓鳳是透過使用率極高的 LINE 通訊軟體，來散布性交易資訊。根據尼爾森媒體（Nielsen，全球性資訊和市場測量公司）於二〇一六年所做的調查，十二至六十五歲的臺灣民眾，有將近九一％，亦即約有一千七百萬人都在用 LINE，顯示此通訊軟體的快速散布性。

前文我曾提到，旅遊樓鳳和傳統應召站最大的不同就在於，主要由機房將每日提供性服務的小姐、地點等資訊公布在 LINE 中，供不特定的人士加入好友後觀看，讓嫖客依照自己的喜好與需求，主動聯絡及消費。

那我是怎麼蒐集到這些資料的呢？

我之所以能拿到最完整的旅遊樓鳳資料，是**在某位地方人士的推薦下，才得**

以加入某VIP群組（這邊不能提到大哥的名字，當然他也不會看到，但還是非常感謝）。

最初查找資料的時候，我發現香港與澳洲都有這些犯罪情狀，也有許多學者在研究。尤其是打工天堂澳洲，度假打工變賣淫時有所聞。

深入了解後，我還發現，旅遊樓鳳並不僅限於臺灣，世界各地都有此類情況，因而推測這些性工作者明顯不是受到脅迫。

針對此項疑慮，我曾訪談某位雞頭，他的回答是：**「在哪被幹都是幹，為什麼不去能賺更多錢的地方給人幹？」**

就學術角度來說，也就是工資高。

而旅遊樓鳳的背後，其實都是**跨國集團在經營**的。我曾經查獲一名馬來西亞性工作者，她護照的入境章之多，都快把整本護照給蓋完了。

當下我就很好奇，開口問她：「妳去過的國家比我還多，妳是去工作（賣淫）還是去玩？」她回答去工作，我就問她：「妳這麼多國家都有門路？」她回答說：「有人安排的。」

由此可見，旅遊樓鳳這個犯罪集團是跨國的。可惜的是，據司法院資料顯示，臺灣從未完整破獲過跨國賣淫集團（見第二〇七頁）。

在開始研究之前，我手上已經有幾間機房的聯絡方式，但因為做研究仍須找一些對照組，所以我還是在 Google 打上「樓鳳」，如下頁圖表 2-1 所示，接著就會跑出一堆可疑網站。

網站業者為招攬不特定的顧客，會在網站提供 LINE ID，讓顧客主動加入。如果各位讀者有興趣，可以自行嘗試加 LINE（下頁圖表 2-2）。

當機房問你問題的時候，可以回覆關鍵字：「××介紹」、「歐洲看到」之類的，**機房就會請你自行在頁面挑選**。因為他們也需要增加新客戶，至於你**是不是鴿子他們也不在乎，反正也抓不到他們**。

首先，我加入數十組業者所提供的 LINE ID，再過濾出四間以大臺北地區為服務據點的 LINE 帳號，以潛在顧客方式參與觀察（二〇一七年七月至十二

圖表 2-1 GOOGLE 樓鳳的顯示畫面

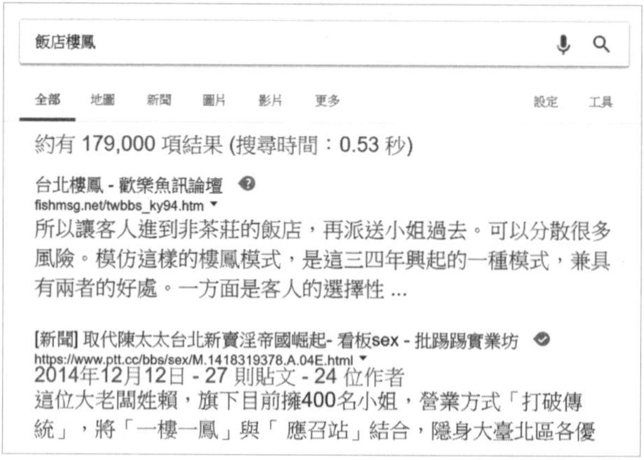

圖表 2-2 旅遊樓鳳的 LINE 顯示畫面

月），蒐集旅遊樓鳳以 LINE 通知顧客群的機房報班資料。

機房報班資料數據大公開

接著，我以這些資料做次級資料分析（Secondary Data，及時蒐集市場變化的數據資料，分析市場變化的最新趨勢），了解旅遊樓鳳性產業的區域分布概況與從業人員成長情形。同時，輔以訪談實際消費的顧客，藉此了解旅遊樓鳳興起的原因、消費流程、選擇理由。

不過，因四間機房中，只有兩間有公開各國籍小姐的單次性交易價金，故本書只分析提供較為完整的機房 LINE2（假定名稱）報班資料，並還原大臺北旅遊樓鳳的經營狀況，包括以下：

1. 國籍／地區分布。

2. 國籍／價錢落點。
3. 國籍人數變動。
4. 營業據點變動。

如下頁圖表2-3所示，我們可以看出旅遊樓鳳已大幅成長，性工作者人數在七、八月約莫持平，九月大幅增加九十人，十月增加一百一十七人，至十一月達到高峰，共增加二百三十五人；最後於十二月小幅回跌，減少四十九人，半年內總計增加三百七十四人，成長率達一四・六％。

另外，從旅遊樓鳳營業地點的數量（點位），也能看出從事雞頭的人數大幅成長（見下頁圖表2-4），七、八月營業點位約莫持平，九月大幅增加三十六處，十月增加二十九處，十一月達到高峰增加了九十四處；十二月則持平，半年共增加一百八十五處營業點位，成長率二四・六％。

不過，從事旅遊樓鳳的實際人數，如果依照犯罪黑數（因為被害人沒有報

圖表 2-3 旅遊樓鳳性工作者人數趨勢

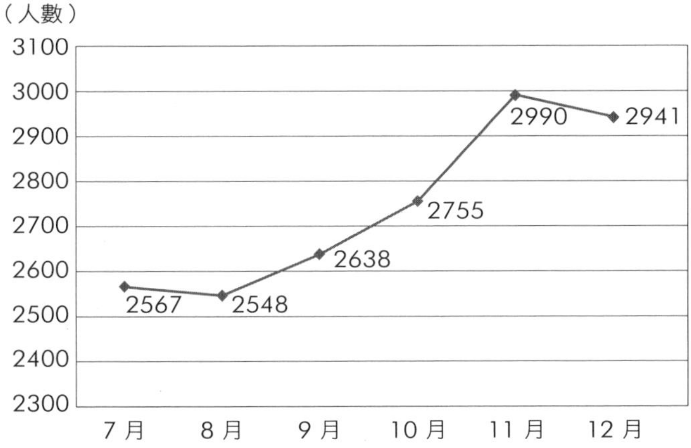

資料來源：LINE2 報班統計（2017 年）。

圖表 2-4 旅遊樓鳳營業點位成長表

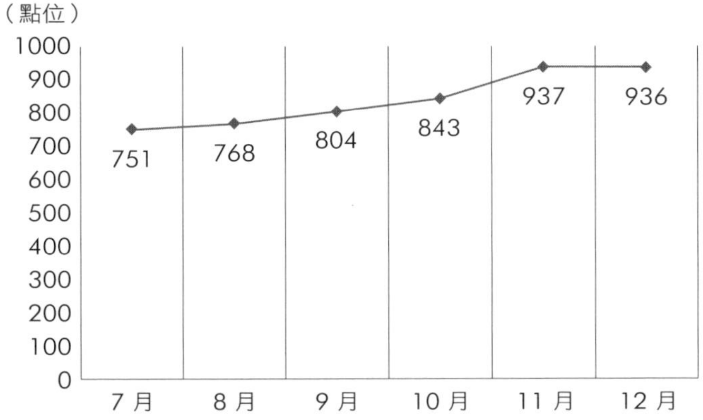

資料來源：LINE2 報班統計（2017 年）。

案，或是警察吃案等因素，致真正的刑案發生數量與官方的犯罪統計案件數據，有明顯的差距）的公式下去推算，我估計至少有六千人。於後文，我將陸續從價格、國籍、地區和點位，一一揭開旅遊樓鳳的江湖老規矩。

2 新客也能享受最高 CP 值

阿翔的公司今天進行消防檢查，所以休假一天。由於媽祖婆（凡事都要過問的老婆）不知道他今天放假，他便想趁機來「鬆一下」。於是，立刻打電話給經常有在喝茶吃魚的阿德，拿到了經紀的電話。

一開始，經紀問是要按摩店還是叫外送，阿翔剛好肩膀有點緊，決定就到經紀介紹的按摩店消費。

約定地點在 7-ELEVEN 旁邊大門。進去後，櫃檯少爺要求他出示身分證，並支付新臺幣一千八百元。少爺說，店才剛開，小姐沒來幾個，而且還在打扮，阿翔就先在沙發上坐一下。

在阿翔滑手機時，旁邊逃生門突然打開，走出一名打扮性感的小姐，阿翔瞄了一眼繼續滑手機，少爺這時說：「這是我們的紅牌小如，你喜歡嗎？」阿翔猶豫了一下，想起阿德說第一個一定要先打槍，便搖搖頭。

過了五分鐘，又來了一位長髮小姐，這次看起來身材不錯，但是年齡似乎快三十了。阿翔又想起，阿德說去按摩店就是要找有經驗的才會爽，於是便站起身，跟少爺點點頭說：「這個好。」

與小姐進到包廂後，因為小姐說要先準備一下，阿翔只好先進去沖澡、趴在按摩床上等，結果趴到都快睡著了，阿翔心想這就是偷時間了吧。

小姐一邊推、一邊跟阿翔聊天，阿翔覺得小姐長髮在背上搔得他心癢癢的，小姐在他耳邊小聲說：「大哥，要加嗎？」阿翔心想終於來了：「怎麼算？」

過去想吃「肉」的成年男性，絕大部分是當兵時由同梯帶去的，這是一種特殊文化傳承。但是，義務役時間縮短（按：自二〇一八年起徵募並行）以後，業者表示，當時許多兵營外的豆干厝都只能消失。後來，網路論壇開始盛行，才開始有自己尋來的客人，但他們同時也有被坑或被鴿子抓的風險。

反觀現在，男人若要吃肉，都是透過網路搜尋其他人分享的資訊，**對價錢與消費模式有初步了解以後，再從幹部店（酒店）入門**。這個好處是，你要什麼樣的服務與小姐，都會有人幫你安排好。之後，這些人成為老司機，就開始自己找魚吃、泡茶喝。因為，許多人最怕的就是容易吃虧，又花冤枉錢，由此可見性交易價格的重要性。

以下我將從性消費者的角度，探討旅遊樓鳳性交易價格之變動，以及跟傳統的應召模式相比，是否更能吸引嫖客。

預算不足，誰想當盤子？

「樓鳳的價格多半是三千到五千元，比較少高價位的。如果有的話，也還是比外送便宜一點（四千起跳）。主要是看貨色，用時間換金錢的概念，加1S多少這樣，也有新的營銷模式1S三十分或2S六十分。」

「這個價錢都在三千到六千，價位算中等……東南亞兩千、臺灣三千、日韓六千到八千、金絲貓八千到一萬。傳統是以時間算啦，你看做2S要多加五百到一千，但多加一節就是多加一節的時間，所以看一個小時多少錢比較準。」

「旅遊樓鳳的價錢比較便宜一點，雖然去汽車旅館外送的妹比較多臺灣人，但是價錢都要喊到五千以上，三千的只有阿六或東南亞。」

從上述嫖客的訪談中，我們可以發現，其實都是嫖客預算不足造成的，如果很有錢就一次點兩個，或是乾脆點條件更好的小姐。性其實就跟吃飯一樣，一頓飯怎麼吃也有個量，除非催吐再吃；性也是，除非吃顆壯陽藥，不然最多也就是那樣。所以，嫖客當然也講求CP值，如果可以用更低的價錢，得到相同的消費，誰想當盤子？

此外，也有嫖客表示：「現在也只剩下半套店、外送，跟新的LINE這種。

圖表 2-5 警察假裝老司機的對話紀錄

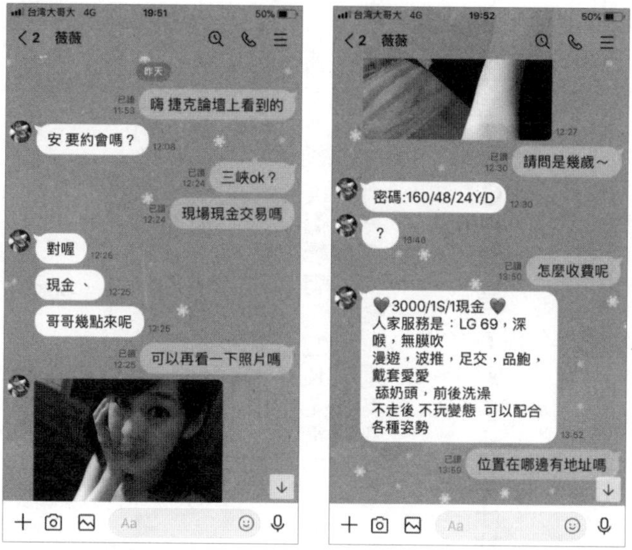

如果要推薦朋友去，我當然推薦旅遊樓鳳，加 LINE 就可以自己選。我以前跟你×××（找小姐），一車四人去，一次來四個漂亮的都被選走了，打槍還要等，火都在燒了，整個很不爽，還是自己去比較好。」

而根據報班資料顯示，**旅遊樓鳳不分國籍單次性交易價格，總平均為新臺幣三千兩百一十二元。**

但有趣的是，從消費者

角度來看，**降低性交易所需價金，雖然會增加使用此種性服務的消費意願，卻不一定會增加消費次數**。請參考下嫖客的訪談。

「所得跟消費次數有關係，那種東西都是付現的啊，你沒錢怎麼去？一定是在自己可以負擔的範圍。叫的次數是固定的，一個人是能射幾次，差在叫小姐的價位，有錢就叫好一點，沒錢就叫差一點。」

「有錢人當然沒影響啊，22K是很難去啦，都沒錢吃飯了。價錢我覺得樓鳳比較便宜一點，因為去汽車旅館還要多花旅館錢。」

為什麼旅遊樓鳳CP值高？少了三七仔抽成

相反的，若以供給面業者來看，獲利又有哪些差異？

以下我將帶大家了解從事旅遊樓鳳所需支出成本為何，其獲利分成與傳統性產業有何不同。

由於旅遊樓鳳性工作**一次來臺**，**大多十五至二十天**，入住天數多，飯店通常會提供訂房優惠，例如五晚打九折、十晚打八折不等。若雞頭租用的是套房，一般為八千元到一萬元，五折就是四千元到五千元（按：揹客團購訂房，如被查獲屬違法；在桃園、新竹，有許多雞頭共資買房，結果撕破臉互相提告詐欺）。

據業者表示，生意比較不好的地點，就會讓小姐自己出部分費用，臺灣幹部只負責租房子、送毛巾、送三餐，這些都是跟小姐收錢的時候順便給。

除此之外，還要準備免洗布、按摩墊。**房間錢一般由幹部和小姐共同分擔**，有些小姐夠正，雞頭為了搶人就會幫忙出錢。

因為，小姐也有可能會落跑，或是回去跟其他同業互相交流意見，例如：「這個雞頭不好」或「這個雞頭很好跟」。

至於機房獲利多少，因為 LINE2 都做熱門地點，旗下小姐大概有兩百到三百多人。若**小姐一天可以做十二小時**，下午一點開始（因為飯店十二點之後才能入住），一天算三單，一單抽五百，一天就進帳三十萬元，等於月賺九百萬元。當然，中間還有水房要抽的二〇％，但這樣也有七百多萬元。其他細項的獲利，請參考以下訪談內容：

「拆帳的話，就小姐分一半，然後剩下的再分給機房、雞頭。比如說三千六百元，小姐拿一千八百元、雞頭拿三百、機房拿五百、CALL客（機房的下線）拿三百到五百，剩下的五百到七百給水房。」——雞頭

「也是雞頭買啦，一罐沐浴乳是能多少錢？買特大家庭號的就好啦，保險套就買最普通的，毛巾就拿送洗的，一天也不會花到多少錢……三千五百元裡面，小姐分兩千五百元，雞頭收五百，機房收五百。板橋一天大概是五到八班，假日會比較多，所以小姐一個月至少賺二十五萬。」——機房

而對小姐來說，除了比應召好賺，此種模式也比較彈性，小姐的訪談如下：

「我覺得好賺很多，還不會被警察攔車。沒生意的話，就在房間裡看看電視、玩手機、睡覺，也不會吹到風跟熱得半死。吃東西有人送，或是自己想吃什麼就吃什麼。但也怕沒生意啦，就賺不到錢又浪費時間。」

我將訪談整理成兩種性產業模式，請參下頁對比圖表2-6及圖表2-7，推估小姐一個月大致獲利情況如下。

去除三七仔剝削後，旅遊樓鳳的性交易單價門檻降低，反而**讓嫖客有降價、撿便宜心理**，**進而提高消費意願**。由一次性交易總共需約新臺幣五千六百元左右，降到一次性交易新臺幣三千兩百元左右，降幅達四三％，亦與傳統三七仔剝削的三成、四成相符。

再者，由於可以事先選小姐、選時段，也能減少時間成本。畢竟客人若對小姐的條件不滿意，要換人也需交通時間，所以此種模式可說是三方利多，不僅能節省載送小姐的時間，同時也能去除支付馬伕載運所需車資等額外成本。

圖表 2-6 旅遊樓鳳分成比例

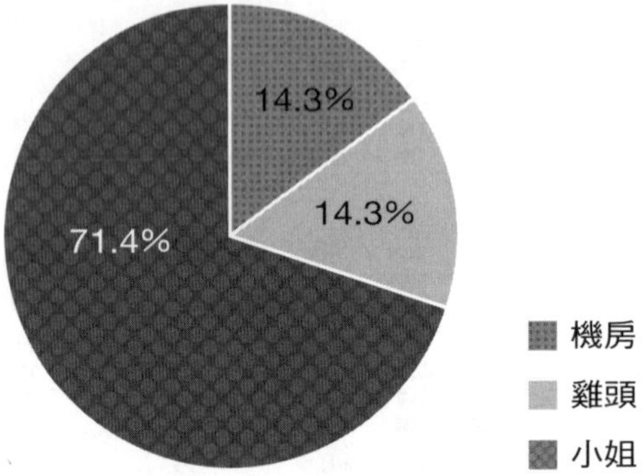

※ 客人支出 3,500 元（小姐 2,500 元、機房 500 元、雞頭 500 元），小姐要自付機票錢；房間費用則和雞頭共同分攤。

圖表 2-7 應召外送分成比例

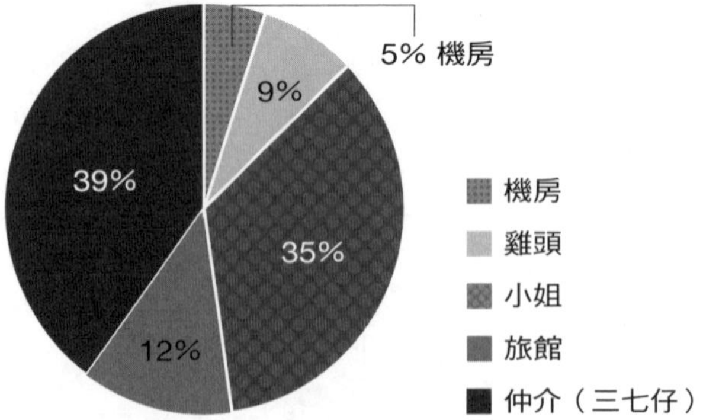

※ 客人支出 5,680 元（機房 300 元、雞頭 500 元、小姐 2,000 元、旅館 680 元、仲介 2,200 元）。小姐除機票、住宿費用外，還要支出馬伕費。

減少小姐被打槍、馬伕的成本

商業行為中，雖然降價能刺激消費次數提高，但以性產業鏈來看，**消費次數增加僅是增加獲利，對性工作者個人的分成並無影響**。

且從此次研究中，由於房間費費用是雞頭和小姐共同分攤、三餐和日常用品也是由雞頭處理，因此外籍性工作者需負擔的成本下降。

不過，即使旅遊樓鳳少了每日支付馬伕的車資費用，但對於性工作者來說，所得報酬仍需支出機票、旅費、雞頭與機房的抽成費用。

若以單次性交易價金的分成來看，傳統**應召站模式性工作者約可抽三〇％至四〇％，旅遊樓鳳模式性工作者約抽六〇％至七〇％**。

以每日工作次數獲利相比，將時間、包裝、原料等成本均列入考量（下頁圖表2-8），應召站模式性工作者單月最高獲利約為十八萬元，旅遊樓鳳模式性工作者單月最高獲利可達五十八萬元，**相差高達四十萬元**。

圖表 2-8 應召站與旅遊樓鳳之獲利比較

模式	應召站	旅遊樓鳳
車程	車程 30 分鐘內 （來回 60 分鐘）	嫖客自行前往
服務時間	60 分鐘	60 分鐘
每日接客數	6 筆生意	12 筆生意
支出	馬伕 3,000 元／日	日租套房 1,000 元／2 ＝500 元／日
		機票 7,000 元－10,000 元
每日最大收入	2,000 元×6 ＝12,000 元	2,500 元×12 ＝30,000 元
每日收益	12,000 元－3,000 元 ＝9,000 元	30,000 元－500 元 ＝29,500 元
每月淨收入 （每日收入 ×20 日）	0～180,000 元	0～580,000 元 （已扣除機票一萬元）

資料來源：LINE2 統計（單位：新臺幣）。

由此可知，價格下降確實助長旅遊樓鳳模式大幅成長，且降低對性工作者的剝削。

3 人肉市場之我愛×妹

十幾年前，做應召外送的小姐的最大特徵就是，不管是哪一國人，都會講中文。在性產業中，不同國家的「茶葉」，代表不同國籍的應召女子，例如臺灣茶就是臺灣女，大陸茶是左岸妹，越南茶就是越南女子。

根據警政署歷年的數據分析，應召小姐大多來自臺灣、澳門、香港，東南亞國家則較為少見。不過，二〇〇五年至二〇一〇年，越南小吃店越開越多，這些嫁來臺灣之後，因各種理由（例如家暴）最後離婚的越南女子，因為越南是母系社會（按：不僅只在家裡照顧孩子，也外出工作賺錢），便在臺灣聚集經營各種行業，並以「敢給錢，我就敢玩」等小吃店、按摩店而豔名遠播。

當年，我每天都要臨檢越南小吃店、按摩店等（到二〇一六年都還有）。臨檢前還得分配路線，每一班（兩小時）要臨檢哪幾間越南小吃店或按摩店，要不然一班可跑不完那麼多地方。

尤其在開放中國旅客來臺以後，一開始政府管制非常嚴格，不僅規定要有存款擔保（按：存款須超過新臺幣二十萬元），還有團進團出等限制，中國籍配偶要拿到身分證，必須在臺住滿至少六年，並且每年超過一百八十六天；在拿到居留證的期間，如果需要工作，還必須另外申請工作許可。

於是，**相對可以快速拿到身分證**（按：居住滿三年）**的越南籍失婚女性，很快就在臺灣人肉市場穩定發展**——歸化後盡快離婚、開始賺錢，也是所謂的「人頭老公」。

不過，由於管制嚴格、跨國賣淫產業鏈也尚未成熟，此階段來臺賣淫的性工作者還算少數，即使引進外籍性工作者，也是以應召站外送或私娼寮為主。一直到二〇一一年，來臺旅客遽增，政府監督的力度也放寬，且適逢中國方面力行掃黃，才導致大量的中國籍性工作者頓時流離失所，遍布全球各地。

約十年前，大陸茶因為會說中文、性服務比臺灣茶好，也沒有被熟人發現的包袱，幾乎就要占據臺灣人肉市場，沒想到政黨輪替以後，卻因限縮來臺人數政策，導致業者又另尋他路（東南亞籍）。

都是被幹一次，來臺灣賺兩倍

那麼，臺男都愛哪一味呢？很多人都說越南妹就是敢玩，光顧小吃店就可以上，無套也不怕，只要付錢就好。左岸妹則是活多活好（服務好），願意提供更多服務，來賺額外的錢，而且最重要的是能夠溝通。然而，實際上，在新興性產業樓鳳旅遊中，各國籍的角力戰經常是風水輪流轉。

我將性工作者以國籍來分，得出旅遊樓鳳性工作者的國籍比例如下，中國籍占四九％；東南亞籍占四四％，**尤其以泰國、馬來西亞居多**，越南次之；臺灣籍則占七％。

圖表 2-9　各國籍的樓鳳報班比例（2017 年調查）

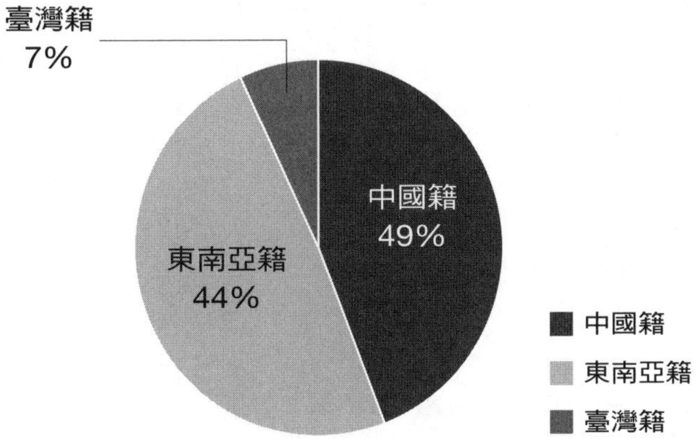

二〇一七年下半年，於臺灣從事旅遊樓鳳性產業性工作者人數，**高達九三%為外籍人士**（見圖表 2-9）。

（按：二〇二〇年因疫情關係，許多從事八大行業的臺妹也加入樓鳳行列，數據更新詳細請見第二四五頁。）

據相關業者轉述，**東南亞籍小姐在自己國家從事性工作，獲利只有在臺灣賣淫的一半，是強化她們來臺灣從事性工作的誘因之一**。

「當然就是馬來西亞那邊競爭更大，來臺灣賺錢比較輕鬆……在臺灣，客人付三千六百元，我們可拿一半一千八百元，一樣都是被幹一次，但是可以多拿兩倍多，當然來臺灣啊。」

——機房

而依下頁圖表2-10資料顯示，東南亞籍性工作者人數在半年內大幅提高，亦與業者說法相符。在抽樣資料中，最低單日報班人數四十八人、最高則來到一百八十五人；其次為中國籍最低單日報班人數八十一人，最高一百六十二人。且東南亞籍性工作者於二〇一七年下半年，大幅進入旅遊樓鳳性產業。

另外，從以下嫖客的訪談內容亦印證，東南亞籍性工作者從事旅遊樓鳳有增加的趨勢，而中國籍則一直都是臺灣性產業的主力。

「反正都是東南亞的啦……越來越多，還有自己來的。」

「樓鳳在臺北市比較多，雖然臺北市的飯店消費比較高，但這樣也比較好控制。以前是越南比較多，現在是泰國最多，中國越來越少……最近這幾年東南亞

圖表 2-10 旅遊樓鳳各國籍性工作者人數變化

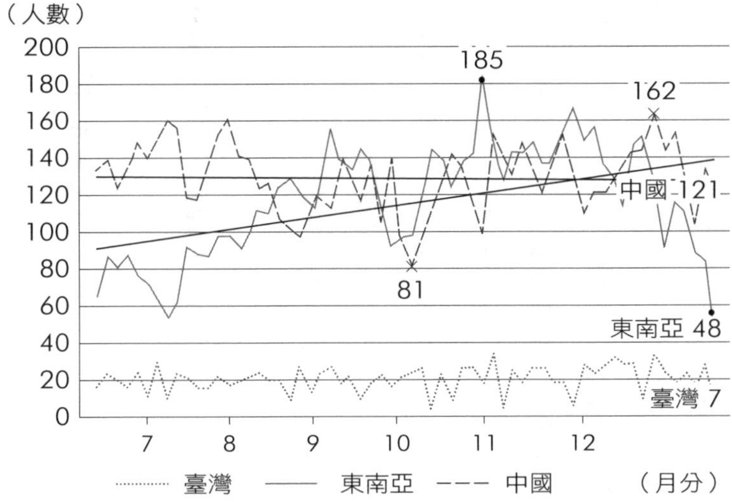

資料來源：LINE2 統計（2017 年 7 月 12 日）。

變超多，例如泰國、馬來西亞，就是民進黨弄蝦米新南向政策之後就開始有。」

如圖表 2-10 所示，中國籍的人數穩定但些微下降，表示中國籍小姐來臺從事旅遊樓鳳已達一段時間，但因為受到東南亞籍性工作者大幅進入的影響，而略微下降。

這也表示兩者互相競爭。另一方面，東南亞籍的人數已逐漸超越中國籍，這代表對於東南亞籍性工作者而言，來臺從事性工作，有足夠的吸引力。臺灣籍性工作者則是穩定維持，未有過大波動。

低價策略，讓小頭癢、心更癢

為了配合客人的消費習慣，整個性產業鏈以低價吸引嫖客。另一點則是，東南亞籍小姐在臺灣能獲得高於該國兩至三倍的獲利，因此價格雖低但對小姐來說已十分充裕，而且還能吸引更多客人來消費，賺更多的錢。

各國之單次性交易價金筆，請見下頁圖表2-11。

從報班數據得知，旅遊樓鳳的**最低消費金額為新臺幣一千六百元／1S**。是指由小姐提供三十鐘的性服務，和嫖客完成一次性行為。不分國籍，即可換取一次性服務。

不過，實際上每位小姐的服務不一，例如A小姐是1S三十分鐘／一千六百

圖表 2-11 各國籍之單次性交易價金

國籍	最低	最高	單次平均價金
臺灣	1,600 元	6,500 元	3,560 元
中國	1,600 元	5,500 元	3,390 元
東南亞	1,600 元	4,500 元	3,280 元

單位：新臺幣。

元，或是1S五十分鐘／三千元、2S九十分鐘／四千五百元；而B小姐不想要這麼累，或是姿色本錢比較好，她就可以接1S五十分鐘／三千五百元。

為什麼會有這樣的差異？

實際了解之後發現，提供2S服務的小姐都比較願意付出勞力賺錢，因為男性在一次高潮之後會進入聖人模式，要再次射一次是非常困難的，所以這時小姐就要在剩下的時間內，幫客人用手、用嘴服務，才能讓客人順利完成性行為。

但坦白說，要在三十分鐘之內，從進門、收錢、洗澡到服務、完成性行為，以及再洗一次澡，真的非常趕。所以，這裡提到的價格只能以平均來計算。

各國國籍性工作者平均價格為臺灣最高，其次為中國，最後是東南亞。若以單次性交易價金，各國分析如下：

1. 臺灣籍單次性交易價金集中於**三千五百元**；低價區為少數。
2. 中國籍單次性交易價金集中於**三千三百元至三千四百元**；低價區為少數。
3. 東南亞籍的單次性交易價格，為**三千一百元至三千三百元**。

但從半年份報班資料中發現，有部分價金落在兩千一百元至兩千五百元。由此可看出，**東南亞籍性工作者的性交易價格在波動**（低於其他國籍），**並試圖轉變以低價換取市場空間**（因大量引進東南亞籍小姐後，業績不如預期，業者轉而以低價定位、吸引嫖客，詳見第一七四頁）。

這現象值得我們深入探討，因此我又以二〇一七年下半年機房報班做了立意

圖表 2-12 東南亞籍每月性交易報班資料

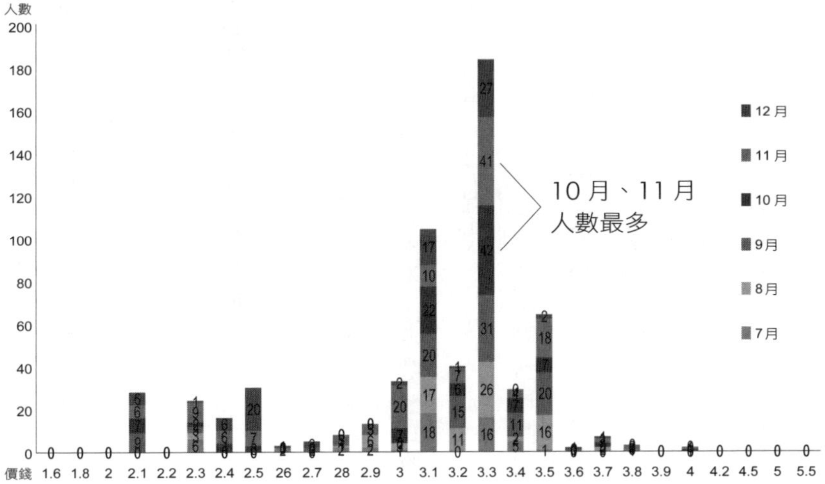

資料來源：本次研究統計。

抽樣（按：指根據調查人員的主觀經驗，從總體樣本中選擇被判斷為最能代表總體的單位作樣本的抽樣方法）。

結果發現，東南亞籍的性交易價金，於該年七月首度出現最低點兩千三百元，九月則是大幅度提供低價促銷，而到了十一月，低價策略仍持續穩定發展（上方圖表 2-12）。

從這份調查中，不難推測「價格」對嫖客有一定的吸引力。而**東南亞籍的低價促銷，**

也讓他們以**「性價比高」找到市場定位，也就從經營者角度4P轉變成消費者角度的4C**（詳細請參考第一七五頁）。

旅遊樓鳳崛起的推手：網路

對於性交易價金下降，《經濟學人》雜誌認為**主因應為金融危機與網路**，並將原因歸納為，貧窮的性工作者遷移到較富裕的國家，例如東歐到德國、旅遊樓鳳的東南亞籍性工作者。

此外，由於性工作者利用網路宣傳銷售不需成本，也不必依賴妓院、皮條客或其他仲介機構而遭到剝削，因此性工作者的收入也比過去多。其實，過去早有外籍人士，以旅遊簽證進入臺灣從事賣淫。這種方式是從有大量需求的性產業地區開始。例如，我曾訪談**新竹「榕樹下」的私娼寮**業者，當地因競爭激烈，從削價競爭到利用商品多樣化，吸引嫖客目光等，各種商業手法可說是推陳出新。

甚至，還引進外籍人士來吸引嫖客，如靠當地友人牽線，讓歐美、澳洲、俄羅斯等金髮碧眼、身材高䠷的性工作者，或是以日本櫻花妹、韓國泡菜妹提供特色性服務的噱頭來吸引嫖客，這也可以說是**旅遊樓鳳的前身**。

宅男警察調查趣

小姐對買春男人之內心OS

據我查獲的案例，大部分的外籍小姐認為臺男比較客氣，不會做什麼太超過的事。韓國、日本的男人就比較強硬，尤其是韓國人，日本人則是很會吃服務（搞花招）；澳洲的男性則是某處太大又軟，弄很久都弄不起來，弄起來要進去又軟了，非常耗費體力。相反的，臺男的「那個」尺寸普通，弄一下很快就硬，再努力搖一下就出來了，當然好賺。

4 已婚男人的假日祕密

前文，我們已大致了解這個新興性產業型態——旅遊樓鳳與傳統應召站的獲利差異及各國籍之人數變化。接著，我還發現了一個非常有趣的現象，那就是——**國際性家庭日，小姐報班人數減少**（見下頁圖表2-13）。

一放假，有家庭的男性要照顧家庭，沒有家庭的單身狗要努力不當狗，出門吃狗糧，不如不出門。例如：聖誕節、元旦等，性工作者報班人數有大幅變動，但營業點位卻未有變動。以下我列出五種可能的分析：

1. **小姐選擇不報班、休息過節：**

此種機率較小。性工作者若選擇在假期前來臺灣從事賣淫，通常會把握時間工作，以支付旅費等支出，所以除非生病等身體因素，否則不會輕易休息。

2. **雞頭沒替小姐報班，自行休息過節：**

此種機率亦偏低，因旅遊樓鳳的雞頭是以 LINE 等通訊軟體，替性工作者安排接客，但由於雞頭平日所提供的服務（送餐），其實替代性很高，而且大多沒有固定的辦公場所，所以假日是否在家過節並不影響他們工作。

3. **消費者預算有限、或另有節目安排：**

因應節日，消費者可能會有不同的安排或是

圖表 2-13 節慶是樓鳳的淡季

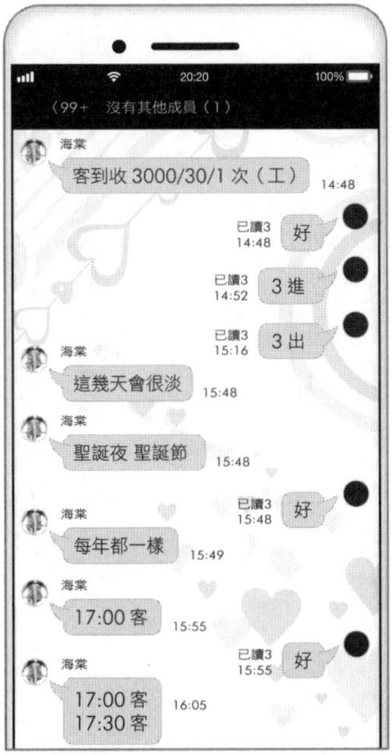

消費，且因收入固定，所以無法額外再至性產業消費。但如果是無家庭負擔的單身嫖客，不想自己一個人過節，就有可能強化其消費慾望。

4. **配合的飯店、旅館以原價出租：**

從國內各家旅宿業者官方網站，可知一般都是平日打折、例假日原價、特定假日漲價。由此可推測，因飯店或旅館的住宿成本上升，導致性工作者來臺人數下降。

5. **機票漲價，不符成本：**

聖誕節至新年期間，國際機票是整年度價格最貴的一段時間，對於自行來臺的旅遊樓鳳性工作者，需要增加性交易次數，才能彌補機票價格增加的成本，也就是說，如投資成本過高，她們就會選擇價格較低的其他時段再來。

宅男警察調查趣

「會不會通知我家人來啊？」

已婚男性嫖妓最怕警察通知家人。曾經有一位嫖客到派出所時一直問：「會不會通知我家人來啊？」還要求法院文書寄到公司就好。過了一會兒，客人的太太來了，只見那位嫖客低頭不語。

隨後，我同事說：「我們抄了一間做八大的，妳先生在裡面。」客人太太一個上前就賞了她先生幾個巴掌，打得客人都快縮成一團球了。做完筆錄，客人太太還一邊打客人、一邊罵：「髒死了！」

至於單身的人呢？大多是長相一般男生去樓鳳消費。帥哥會去嗎？當然不用啊，他去約炮當渣男就好了。

5 以前是照「騙」，現在有圖有真相

在過往的性交易中，嫖客比較沒有挑選性工作者外表的權力，大多**由業者發配小姐**，其實這也算是另類的詐騙。即使嫖客可以先挑選小姐，但由於這類型的店家腹地往往不夠大，常駐店內的性工作者可能只有個位數，因此選擇也十分有限。

從訪談中亦得知，這是**傳統性交易模式中，最為嫖客所詬病**的一環。以各種方式如資訊不對等、不符時間成本等，強迫嫖客接受不甚滿意的標的。許多男人都是因為小頭已經等不及了，只能勉強接受雞頭送來的小姐。

強者我朋友，曾經在網路論壇上，看到一個號稱小張×涵的妹，還附上眼睛打碼的照片，讓他欣喜若狂，馬上跟雞頭約要來一場友誼賽。而該小姐也非常熱門，行程都排到三天後去了。好不容易等到三天後，我朋友開好房間、等待小張×涵來，叩叩的敲門：「進來！」我朋友心想，終於可以好好享受一番，結果進來的小姐既貧乳又骨感，跟本尊比起來只有紙片人是相同的，長相完全不同，讓他期待已久的美好，瞬間破滅。

相形之下，每天發布小姐名單給不特定消費者的旅遊樓鳳，其資訊相對公開透明。不管是**性交易價格**、**經營地點**、**服務內容**、**三圍**、**長相**等，**將選擇權交還給嫖客**（外籍小姐還會強調這是本人照）。

而賺多少，要看小姐的素質、曝光度，或是觸擊率多高、接觸的客群而定。

以下分享幾則訪談：

「現在會用 LINE 報班，全部都在那裡，讓你自己選。以前都要跟雞頭熟，才會有好妹……。」

——雞頭

「就是有個 LINE 的群組，會給你看妹的價位、地點、照片什麼的。你選好時間、哪個妹之後，他會再幫你轉給上線喬時間。再來，他會跟你說，你先到他PO的地點附近；等你到了，就會跟你說正確的地點與房間號碼……小姐的資訊跟價錢公開是不錯的，不然要打槍（換小姐）也很煩。」

——嫖客

「很多人都是在潛水看照片（不消費），但是哪天他們想要『開機』的時候，就會傳LINE給機房、找小姐。所以，這些人其實都算是潛在顧客，而樓鳳就有點像是在經營網路商店。」

——嫖客

「每家機房都有自己的特色，你看這個是有客評，另外有些會把地點PO出來，價錢次數都很透明，要來不來隨便你。現在這種就是**明碼標價，因為機房要搶市占率**。」

——機房

但由於每間機房所提供的資訊並不完全相同，如價錢、國籍等，因此我將各間機房所提供的LINE訊息畫面，整理成下頁圖表2-14。

在大幅使用網路交易，習慣商品資訊透明，且能自行挑選商品的消費習慣

圖表 2-14 機房報班一覽表

訊息項目	內容	
性工作者資訊	照片	影片
機房編號	1	
報班日期	8 月 31 日	
服務地區	快取編號（一組雞頭，一組編號）	
據點特色（國籍／特殊服務）	中國／東南亞	送桑拿／泰洗
營業時間	13 時至 24 時	
性工作者名稱	APPLE（例）	
年齡／身高／罩杯	25／165／D	
時間	30／50／60／90 分鐘	
價錢	1.6K 至 5K	
加值服務	顏射、口爆+1K 等	
特殊事項	可包夜（買 5 送 3）、3P	

※泰洗：指泰國洗，裸體共浴。

下，此種商品編排模式因受現今消費者所青睞，方便性讓尋芳客趨之若鶩，更使旅遊樓鳳的營運規模快速擴張。

遮臉、露大奶……各國小姐各有罩門

由於旅遊樓鳳的單次性交易價碼低廉，且採取薄利多銷，所以業者大多是在網路刊登消息或經由當地業者媒介，吸引外籍女性來臺加入旅遊樓鳳。

對於臺灣人來說，除非急需用錢或本身經濟條件不佳，否則加入動機不高。雖然對**東南亞籍性工作者**來說，也有要適應環境、語言不通等多項負面因素，但相對來說，她們也因此**比較敢在 LINE 公布各項資訊**，例如分享照片、影片，將自己的身材、長相等，資訊透明吸引顧客。

中國籍性工作者，則有自由行擔保等資安問題，但就嫖客而言，語言能否溝通也是選擇小姐的因素之一。而且因為慣用通訊軟體不同（中國不能用

LINE），所以中國籍小姐也比較願意提供照片、影片，以爭取嫖客的青睞。

「可能是因為要PO照片吧，中國跟馬來籍小姐照片都露臉、露奶，只要有錢賺就好。臺灣的還要把臉遮起來。

「除非客人真的很想找臺灣的啦，不然中國籍的小姐也會講中文，講中文跟講英文，你是客人，你要哪個？」

——機房

對於媒介外籍性工作者的雞頭來說，他們能以換匯方式或不替小姐報班，來控制小姐；但相對的，臺灣籍性工作者則是會衍生許多問題，如私下兼差等。

我曾訪談過一位樓鳳雞頭，他表示，從事旅遊樓鳳的臺灣人並不多（疫情以前），即使有也都有點年紀，因為**臺灣年輕美眉都去找乾爹，如果有在做，比較多是靠熟人介紹**。更何況，年輕的做外送，價錢可以開到八千元到兩萬元。

另外，就是急需現金，以及有些生過小孩，找不到工作的臺女。這種生意反而比東南亞籍好，而且有生過小孩的都比較敢玩，價錢就可以開高一點。

一般來說，外籍最想賺，中國的也很甘願，臺灣女性普遍意願不高，而且她們有時候會跟客人留 LINE 私下兼差，因而違背江湖道義，所以雞頭不太愛找辣臺妹。不過，業者聲稱他們是提供服務，而不是控制。但目前因為疫情的關係，無法補充外籍性工作者，臺灣籍小姐有逐漸增加的趨勢。許多原先從事旅行業、服務業、製造業的女性，因工作無以為繼，逐漸改行加入樓鳳。特別的是，因許多嫖客會顧慮外籍性工作者是否有帶原（愛滋病），機房都必須在每日名冊上額外註記「長期居留」等，以此消除嫖客疑慮。

「臺灣的小姐難找，中國是之前掃黃來的。越來越老了，沒啥新貨，年輕的都轉去做網路了。」

——雞頭

「聽說是看貨色啦，貨色好就雞頭挑走，不太好就補滿，因為泰國的有ICE（愛滋病），馬來的都能聽得懂中文……。其實還是看中國那邊的經紀啦，弄什麼小姐給你選，你就只能從那些小姐當中選。」

——機房

宅男警察調查趣

來臺賣淫，好賺也好玩

前文提到外籍小姐比較沒有包袱，我另外訪問了多名外籍小姐，統計出她們從事旅遊樓鳳的理由。

排名第一的就是好賺，有點類似澳洲打工的概念。第二是，不會被認出來、沒有壓力，因為慣用的通訊軟體不同，生活圈也不同，所以小姐還能跟親友說自己是出國玩。第三則是還可做代購，多賺一筆，很多外籍小姐都是帶一個大行李箱來血拚，回國還能轉售。

修美圖是一定要的

買東西最怕被騙，其次則是怕「圖文不符」，在性交易當中也是同樣道理。客人最怕滿心期待開門，見到的小姐卻不是心理預期的模樣。尤其昏暗的燈光下，可以遮掩許多缺陷，只要讓嫖客進門就算過了第一關，向嫖客收完錢就算完成交易，嫖客也就無法反悔。

之後，小姐就會卸甲（脫衣服的俗稱）開始提供性服務，裸裎相見就會暴露出更多缺點。例如，原先號稱上圍有E，除去衣服後可能只剩下C，小腹也跑出來了。這些問題尋芳客普遍還能接受，只要小姐真的是本人，最多只能怪照片拍得太好，角度遮掩得好。

也有可能小姐的臉不好看，但是身材很好，因為很多臺灣籍性工作者不會露臉，所以嫖客也只能賭一下運氣。最怕的是碰到完全不同人。這種情況很常發生在過去應召外送模式。而旅遊樓鳳的好處就是，照片雖然也會騙人，至少看到的通常是本人，最多就是劣化版而已，還不至於有被詐騙的感覺。儘管沒有五星好評，至少也不會給差評。請參考下嫖客的訪談。

「LINE 的那種看照片有些不準，會有點落差，因為都會修圖。」

「是差不多啦，但是都會比較劣化。我不覺得那些影片是真的，很多是有灌水過的。有些影片就是很多張照片接起來。」

6 全臺紅燈區大洗牌：鬧區、住商大樓

色情產業的營運模式，與區域文化、客人消費水準息息相關。依過去資料顯示（三十年前至今），收入最高的**大企業家、談生意通常走酒家，中小企業和日本遊客走北投風化區，阿公店、茶室、三溫暖和養生館收費較低，則以一般收入的消費者為主要客群**。

另外，雖然南部酒店也不少，但中南部的消費層級，仍以越南店、小吃店、卡拉OK比較流行；而從事這類賣淫的小姐，大多是歸化的東南亞籍臺灣人，也就是新住民。

北部的話，像是中山區，以從商人士與外籍客為大宗，以及西門區（西門町）、萬華區的龍山寺、板橋區的摸摸茶街，都是過去有名的消費區。但在眾鴿

子們的掃蕩下，已逐漸消失。

二〇一六年，在政府實施新南向政策以後，旅遊樓鳳如雨後春筍般，大量出現在臺灣各地（除東部外）。**一開始，西半部只有南投與嘉義沒有**，據相關業者表示，這是因為**當地業者保護主義較重**，不接受外來的人。

不過，誰會與錢過不去？兩年內，南投與嘉義的神祕靠山倒了，全臺就此淪陷，讓各區性產業重新大洗牌。

二〇一八年下半年大臺北地區經營樓鳳點位總計最多的，分別是**中山區、西門區、三重區、板橋區**。西門區共一千三百七十二處，中山區共一千三百零三處，三重區共八百四十四處，板橋共四百九十一處，其餘處所共報班九百四十六處，總報班四千九百五十六處。

其中，**成長幅度最大為西門區**，從每日報班十一處增加至三十二處，其餘地區也呈正成長的趨勢，推估可能由當地的傳統性產業轉型而來，或是有新的經營者進入該地區發展。

若實地探訪，各地的旅遊樓鳳模式並不盡相同。從西門捷運站出來，一邊是舊萬華區，另一區則是靠近總統府。西門區的樓鳳大多藏匿於小旅館，因為西門到處都有小旅館，對外籍性工作者來說，頻繁出入也不會啟人疑竇；中山區則是位於住商混合大樓，藏匿在獨立套房之中，因為人們進進出出的，根本不會被別人發現。再加上，中山區原本就有許多特殊服務的店家，如果這間店被警察抄了，或是因為疫情停止營業，這些失去收入來源的小姐，也能轉做樓鳳等待復職。

為了解上述四個區域的樓鳳成長狀況，我以半年分機房報班做立意抽樣，以每月十五日單日報班資料做人數與價錢分析，分析如下（見下頁圖表2-15）：

第一是，西門區與三重區成長幅度最大，代表旅遊樓鳳因性產業的需求面尚未飽和，而逐漸擴大營業，從原本經營據點最多的中山區，擴散到西門區與三重區，再往板橋區發展。

圖表 2-15 **各地區旅遊樓鳳成長狀況**

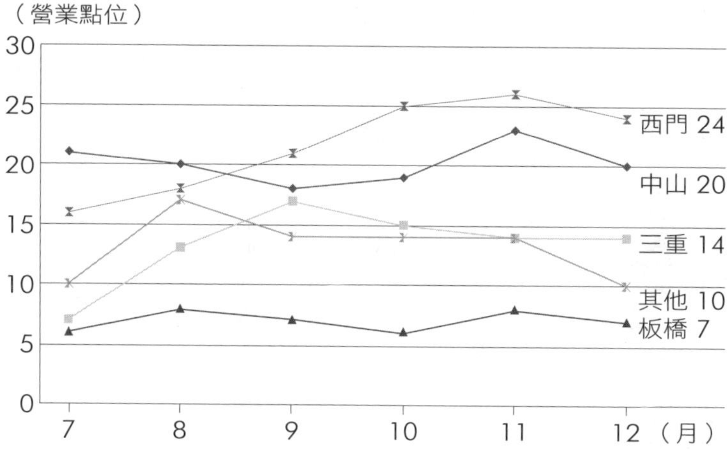

資料來源：LINE2（2017 年 7 至 12 月之每月 15 日）。

另一方面，中山區性服務的點位持續升高，表示**有更多的性工作者與雞頭投入旅遊樓鳳，並且是沿著交通便利、人口密集處發展，犯罪區位擴散**。而這四個地區的共同點就是——因都市發展，導致中心商業區環境與人口結構改變。

怎麼說呢？當商業行為、人口增加，就需要一點娛樂，例如中山區條通區就是這樣來的，該區有酒吧、日式卡拉OK，各界政商名流聚集於此，但醉翁之意不在酒，情色交易充斥街頭；或是萬華的三水街，也是從剝皮寮碼頭而來，以前是私娼寮，現在則以茶室賣淫居多。

而這樣的流動人口，除了促使社會產生解組（按：社會中出現鬆散、分裂現象，尚保持在原有的社會體系之內）現象，例如工業革命，讓農村人口向都市移動，同時也讓大量的旅遊樓鳳外籍性工作者得以藏匿其中，蓬勃發展。

大臺北地區樓鳳發展

以下，讓我們來看看各地區的性工作者人數，以及在旅遊樓鳳中所占的比例，如下頁圖表2-16所示。

要特別注意的是，**一個點位不一定只有一名性工作者**。

其中，性產業點位數以西門區占比最多，高達二八％（一四一〇處），但人數只占了二六％（四千二百七十四人），亦即每個點位有三名性工作者。

圖表 2-16 大臺北旅遊樓鳳色情業分布地點

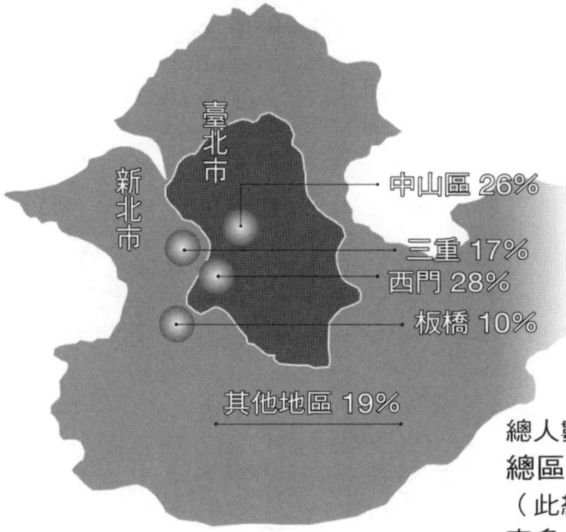

總人數：16,439 人。
總區位數：5,039 處。
（此統計較第 133 頁調查多一日）

這是由於，西門區的經營者以開發新據點或新加入的地下產業居多，因此引進的性工作者點位也較為分散。我認為，西門區的業者之所以無法長期租用套房或旅館，原因極可能是為了躲避查緝，或是業者非當地的地下勢力，為外力移入所致。

其次，是中山區的二六%（一千三百一十處），但人數占二七%（四千四百三十八人），每個點位約有三．三八人。**點位較少、人數較多，代表**

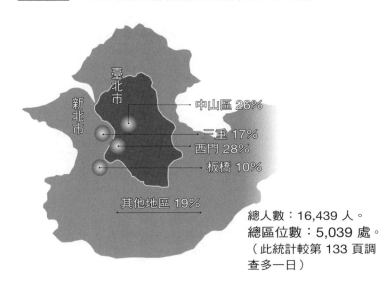

業者將外籍性工作者都放置於相同點位方便管理，然而這也反應出中山區的樓鳳經營者，其資金較為雄厚。

眾所周知，中山區堪稱臺灣最大情色產業聚集地，除了有從陪看MTV的半套店、全套按摩店，或是色情按摩，各種名目應有盡有。

我曾訪談過一名中山區的仲介，得知需要先繳交保證金，才能仲介性工作者，這代表中山區的樓鳳經營者，應為從事地下產業人士的多角化經營。

也就是說，原本就有在開酒店、摸摸茶、按摩店等地下產業人士，幫旗下的小姐轉店，讓各種特長的小姐有發揮的空間，不會喝酒、不想按摩的小姐，或是缺錢的小姐，讓她們能「多一種選擇」。

其他，還有三重區占一七％（八百五十六處），人數則有一八％（兩千九百五十九人），每個點位有三．四五人。與中山區有點類似，推測應是三重豆干厝遭政府拆遷後轉型而來。

板橋區的經營點位與人數皆為一〇％（一千六百四十四人次與五百零三

處），每處點位人數三・二六人。雖然旅遊樓鳳是從臺北發展至新北，板橋區算是發展較晚，但此數據顯示已逐漸壯大。

依地域的不同，賣淫的主力國籍也不同。**中國籍性工作者人數多分布於中山區，三重區則逐漸提高；東南亞籍則大多分布於西門區**。

之所以會產生這樣的區域差異，是因西門區為外籍觀光客必到之處，該區有大量的旅館；但近年來因景氣不佳及中國旅客減少問題，不少旅館轉而提供給旅遊樓鳳使用。

7 捷運、火車，成了最省錢的馬伕

最早以前，男人要爽一下，都需要到固定的點，如萬華寶斗里、基隆精一路等地方，就是客人自己去找店。

到了旅遊樓鳳又更進化了，大多分布在較為熱鬧的商業區，即使**在中南部，也是以交通便利之處居多**，例如在**捷運站**、**火車站**，**有雙語標示的地方**，但不包括公車站。不過，也因此有停車不便的問題，對有開車或習慣騎機車移動的客人較為困擾。

「就是一定會在車站或是捷運附近，都是用走路的就可以到……應該說，都設在鬧區，住宅區比較少。」

——嫖客

「這個什麼地方都可以做，只要有出租套房就可以，所以都是在捷運站或車站附近。」

——嫖客

「交通不方便，人就少啊，誰要來……這個 LINE 變成客人要去小姐那邊，如果交通方便，客人就很好去，所以都是在捷運附近租房間，讓客人好找，以前是要送到汽車旅館。」

——機房

從上述訪談，旅遊樓鳳業者之所以會將性工作者安排到大眾運輸工具附近的據點，主要是為了讓小姐方便接客。此外，藉由大眾運輸，也能擴大消費族群，提高消費次數的目標。

但也有小姐表示，大眾捷運雖然方便，但有時東西太多就需要派車。

「因為需要帶一、兩個星期的用品過去住，所以東西太多就很難搭公車，可是派車也會收錢。」

而臺灣前四名的西門區、中山區、三重區、板橋區，此四個地區小姐總和占旅遊樓鳳人數的八一％，這也就呼應了訪談中機房所提及，會將性工作者安置於交通便利處所，方便潛在嫖客抵達性工作者所在地區，進而強化客人的消費意願。而且西門區點位成長幅度最大、三重區次之，亦反映出旅遊樓鳳的外籍性工作者，在臺賣淫與交通有高度關係。

再者，交通便利的地方，人口流動性就大。坐過板南線的人就知道，每天載運量近上百萬人，外籍人士也時常利用大眾運輸工具，在路上遇到外國人根本不突兀，警察也不會起疑。

Chapter 3

旅遊樓鳳的性產業經濟學，雞頭親自告訴你

當性交易成了一項商品……。

1 用 LINE 淘金，獲利翻倍

在第二章，我曾以旅遊樓鳳各角色的分成比例，分析單次性交易價金，對嫖客的消費產生何種影響。為了深入了解性產業現況，我另外訪談了性產業相關業者。希望以經營者的角度，來檢視傳統應召站的模式為何會發生轉變；並且將性產業視作一項商業行為，了解業者如何經營、獲利，以透析地下性產業的發展與興衰。

以下為業者的訪談內容，讓我們一探旅遊樓鳳產業的角色與分工。

一、雞頭掮客：取代傳統馬伕，躺著收錢

阿嘎剛轉做雞頭不久，之所以會加入旅遊樓鳳，一開始只是幫外國朋友牽線

找小姐，以前專做中國，不過現在是各國籍的小姐都有。他負責吸收臺灣在地經營的地下勢力，替中國業者居中媒介。他還表示，現在很多臺商都在做賣淫仲介。因為中國用微信比較多，所以一開始都是用微信聯絡，而中國通常會先送兩個小姐來試水溫，屆時再給她們房間鑰匙就好。

如果有人願意加入，他就會讓新人先從雞頭做起，負責租用套房，以發展下線的方式，深入臺灣各地區。只是獲利方式較為不同。過往的性產業鏈通常是馬伕負責載運小姐，但容易被警察抓，如果改當雞頭，只要去租個房子，準備一些生活用品，就可以每天安心收錢了。**就算被警察抓到也可以說，是幫人租房子、沒有要媒介性交易，如此就能規避掉法律**（詳見第二〇三頁）。

「之前要幫外國那邊的朋友牽線，他本來只有做中國，現在各國都有做。我又沒賺到錢，只是幫忙找人而已，有多少臺商回來之後在做這個，你知道嗎？不只我在弄，我只是其中一個下線。」

——阿嘎

雞頭為了取信國外掮客加入旅遊樓鳳性產業，需要**在境外的簽賭網站先儲值一定金額，才能挑選小姐**，這有點像是租借物品先繳押金的概念，就只是先買個資格。

但也因為要付押金（通常拿不回來），所以雞頭通常會努力的仲介小姐，把錢賺回來，總不能讓小姐白跑一趟、無工可做。

機房對雞頭大多約定一週轉帳收款一次，若**未如期收到貨款，則會通報其他機房同業，共同封殺該名雞頭，並且從押金中取回獲利**。雞頭則是每日收取小姐賺取的價金，如果小姐不願繼續工作、捲款逃離，雞頭得自行吸收損失，但國外掮客會補一名小姐給該名雞頭，將商業風險降到最低。

二、經紀／幹部：找小姐靠臺商

阿祈也是樓鳳的雞頭，主要負責租用套房、安置外籍小姐。除了每天提供日常用品以外，還要聯絡並記錄小姐們的工作狀況，再向機房報班、提供小姐的資訊。最後，再將每日獲利以地下水房（詳見第一五一頁）的方式轉給機房。

他說，找小姐都是透過他阿伯的朋友居中牽線，再跟中國要人。據說，對方之前是臺商，回臺灣才轉做仲介賣淫。

「以前大部分都是馬伕轉雞頭，或是原本就在做樓鳳的雞頭，現在租兩間套房就可以當雞頭了。當然，要有認識的人幫你牽線，就問問看中國或是東南亞有沒有人要來做。」

——阿欽（機房，見下段說明）

三、機房：取代三七仔

阿欽在中國從事機房多年，因遭到司法追訴（見第二〇四頁），被遣送返臺。據他所述，現在業者就是到處建立 LINE 的帳號，想叫小姐的客人就自己加 LINE，很快就會有客人上門，三七仔不是收起來，就是轉做機房，不然就等著喝西北風。

「小姐每天早上報班給雞頭，說她今天要上班，然後雞頭會跟機房說他手上有幾個小姐、地點在哪裡，機房就會統整各個地點小姐回報的資訊。現在會用LINE報班啊，全部都在那裡，讓你自己選。」

——阿嘎

「若時段確定了，機房會告知幹部哪個時段有客人，幹部就會跟小姐講要收多少錢。接著，客人來，機房會跟幹部確認地點，然後客人給錢，小姐給幹。」

——阿祈

四、水房：幫幕後黑手淘金

在獲利分成方面，旅遊樓鳳的流程則是：小姐會將一日多次性交易的所有分成留下，而經營該點位的雞頭會依約定時間前往收取分成。**小姐將雞頭與機房分成的金額交給雞頭，機房獲利分成則由雞頭以各種方式轉出給機房。**

而於地下經濟中，水房就是負責將獲利洗白、轉出，透過不同的人頭帳號，將錢層層轉匯。這裡的「水」是形容洗錢的動作，所以俗稱「水房」。有機房，不一定有水房。因為水房需要在當地有經營公司或人頭帳戶才能設立，且水房通常還包辦許多其他地下產業的匯兌，不是只有性產業。不同地下經濟犯罪會找熟識的水房洗錢，水房的利潤來自於洗錢的抽成，為一〇%至二〇%。

由雞頭每日或一段時間以地下匯兌、微信、支付寶等電子貨幣方式，轉帳給機房；機房再與雞頭對帳。轉帳時，地下匯兌（水房）從中賺取部分價金謀利（下頁圖表3-1）。不過，目前中國因遭到聯合國的施壓，已經開始整頓電子金流的部分。

「就小姐分一半，剩下的再分給機房、雞頭，臺灣的雞頭拿三百（按：部分為五百元），機房拿五百，水房拿剩下的，還有支付寶提現會扣錢⋯⋯。」

——阿嘎

「可能是轉帳、小額付款、支付寶都有可能。因為，身上帶太多錢就被怕警察抓，只好走地下，或是做很大也會走地下⋯⋯水房會抽走二〇%。」——阿欽

圖表 3-1 **旅遊樓鳳的淘金流程**

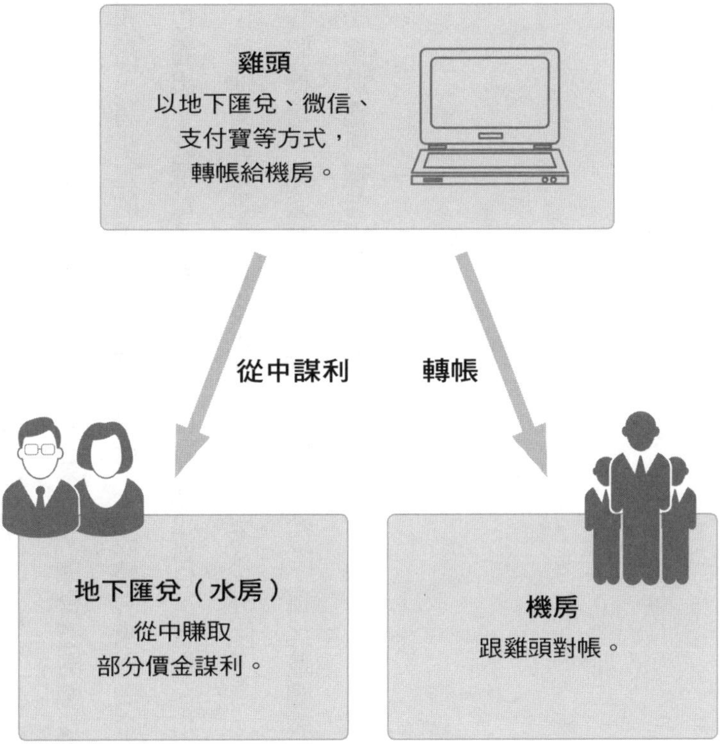

此外，由於性工作者出境時，因受限於《洗錢防制法》，無法攜帶過多金錢（按：不得超過新臺幣五十萬元）出境，如遭查獲，即會遭海關沒入，所以部分業者會利用水房，將小姐的工作所得轉出臺灣，完成整套來臺淘金流程。

由此可以看出，此種電子金流在國外已經非常流行、普遍。但臺灣現在才開始跟上風潮，法律方面更是牛步，不知早已被轉出多少外匯。

接著，我將機房、雞頭的角色與分工，整理成以下頁比較圖表3-2。相較於過去的三七仔，旅遊樓鳳經營者的分成明顯公開透明。

圖表 3-2 旅遊樓鳳的經營者分析

角色名稱	機房	雞頭
領導模式	無特定領導者／小團體。	無特定領導者／自營／小團體。
工作內容	對嫖客行銷。	對機房行銷。
權利架構	水平式。	水平式。
任務分配	專業分工。	專業分工。
報酬	分成明確且在業界公開透明，分層分工以比例分配。	分成明確且在業界公開透明，分層分工以比例分配。
規模	個人／組織。	個人。
規範準則	約定俗成，無明文契約	約定俗成，無明文契約。
公眾印象	過去負責仲介，民眾較無印象，目前轉型成行銷平臺。	俗稱雞頭／經紀等。
成員身分	需相關技術。	負責零碎工作。
勢力範圍	以經營地區為主。	以租賃套房為主。
組織重組	尚未遭查獲過。	查獲後易重操舊業。
流動率	越低階（類似工讀生，隨時都可以不做），成員流動率越高。	自負盈虧。

資料來源：格式取自《*Organized Crime*》（6th edition）by Lyman, Michael D., Potter, Gary W.（2014）；內容為研究整理。

電子貨幣對性產業的影響

當網路普及以後，多種電子貨幣能直接替代實體貨幣，進行支付金額、轉帳等功能。而旅遊樓鳳，因以引進多國籍性工作者居多，因此跨境匯款十分關鍵。而科技進步帶來便利，目前微信能支援九種貨幣，在二十幾個國家使用；支付寶也有跨境支付三十六個國家，並以人民幣收款，支付外幣方式供旅遊民眾使用（截至二〇一九年三月）。

但國際貨幣基金組織（International Monetary Fund，簡稱IMF）也發現，此種第三方支付易衍生詐騙、洗錢等問題，而中國人民銀行為避免第三方支付混亂的狀況持續惡化，已於二〇一八年進行控管。

實際上，旅遊樓鳳利用境外支付給機房與外籍性工作者，均利用水房小額轉帳，個人端收款如非朋友，規定兩千元人民幣（約新臺幣八千六百元）／一筆，一天上限為十筆；若為朋友關係一萬元人民幣（約新臺幣四萬三千元）／一筆，筆數無上限。

換言之，如果今天小姐賺取新臺幣五十八萬元，僅需十一筆，即可以轉帳完成（需要扣除水房手續費，約一〇%至二〇%），更可找人代付（無限額方式），只需一筆即可轉帳成功；且用手機就能立即查看是否入帳。如此一來，性工作者除了不會因攜帶過多現金遭海關沒入，機房也能有效躲避警方的追查。

2 性交易電商模式：靠經銷、代理、小幫手

旅遊樓鳳的經營模式，其實和經濟學的行銷商品產業鏈頗為相似：廠商生產商品後，需要推廣通路的經銷商、將商品曝光的代理商。若我們將性交易視作一項商品，樓鳳的**雞頭是經銷商**，**機房則是代理商**，後兩者都是抽取佣金（參下頁圖表3-3）。

打個比方來說，旅遊樓鳳有點像是去蝦皮、PChome 買東西，顧客可以先看照片喜不喜歡、比價、面交等，最後獲得商品。

雞頭像小賣家，在網站上ＰＯ商品，讓更多的人看到「我這裡有好貨」。機房則是統整雞頭ＰＯ的商品，讓顧客更容易選擇商品（性工作者）。某種程度也算是性交易電商模式。

圖表 3-3 旅遊樓鳳的經營模式

商品產業鏈	旅遊樓鳳產業鏈	
產品	性工作者	提供商品。
經銷商	雞頭	推廣通路、將商品曝光。
代理商	機房	有些類似生活市集 APP 的商家，負責行銷、將商品賣出賺取代理佣金。

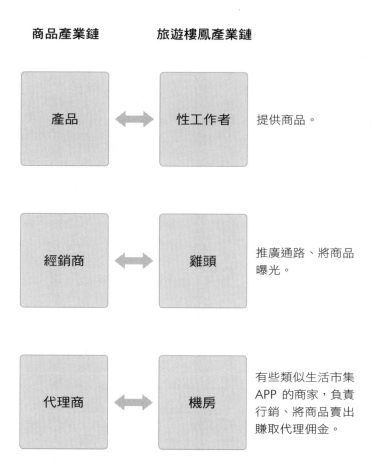

這和傳統應召站的模式有很大的不一樣。

傳統應召站的模式類似農產品的銷售產業鏈，由各級盤商、行口（中盤），也就是三七仔獲取大部分利潤；機房為農產品拍賣平臺的媒介角色，雞頭與馬伕則相當於運銷公司，負責搬運跟報行，最後成交才是消費者。

因此，等同於農家角色的性工作者幾乎是遭到重重剝削，才能拿到微薄的所得報酬。

接著，我將旅遊樓鳳性產業的經營模式，分成五大部分，分別為**招聘**、**運輸**、**住宿**、**銷售**、**營利**，再綜合需求面與供給面的訪談，整理成下頁圖表3-4，並以犯罪腳本的方式呈現此種跨國性產業鏈的組成。

從中可發現，樓鳳已完全具備商業經營的條件（第一六〇頁圖表3-5），而**此種經營模式已逐漸往網路購物、電子商業平臺模式發展**。

圖表 3-4 性犯罪流程腳本工作分配

犯罪流程	腳本角色	工作內容
招聘	雞頭 掮客	從國外尋找有意願的性工作者，以朋友互相介紹、網路廣告、掮客媒介的方式，告知如何前來臺灣，並支借保證金、安排臺灣住宿等方式。
運輸	性工作者 自行負擔	● 外籍性工作者須自行購買機票來臺，如需申請簽證，機房或掮客會協助處理。 ● 通常為合法入境，只有極少數採取漁船偷渡方式。
住宿	雞頭 人頭租賃 日租套房 ／旅宿業	由當地雞頭提供日租套房、月租套房，供性工作者選擇。不論是休息或性交易，均可在該處進行。
銷售	雞頭／ 機房	● 性工作者向雞頭告知當天要報班，雞頭再將小姐的三圍、照片、影片等資料，以通訊軟體 LINE、WeChat 等傳送給機房（須配合機房所在國家）。 ● 機房以 LINE 通訊軟體公布在群組，嫖客選取性工作者後，再以LINE 向機房預約；機房向雞頭敲定時間後回傳嫖客，嫖客於約定時間至指定地點完成性交易。
獲利	水房	● 獲得性交易價金後，雞頭每日會向性工作者收取分成，利用水房或其他方式轉帳給機房。 ● 性工作者出境前，會利用水房或其他方式將獲利匯回所在國家。

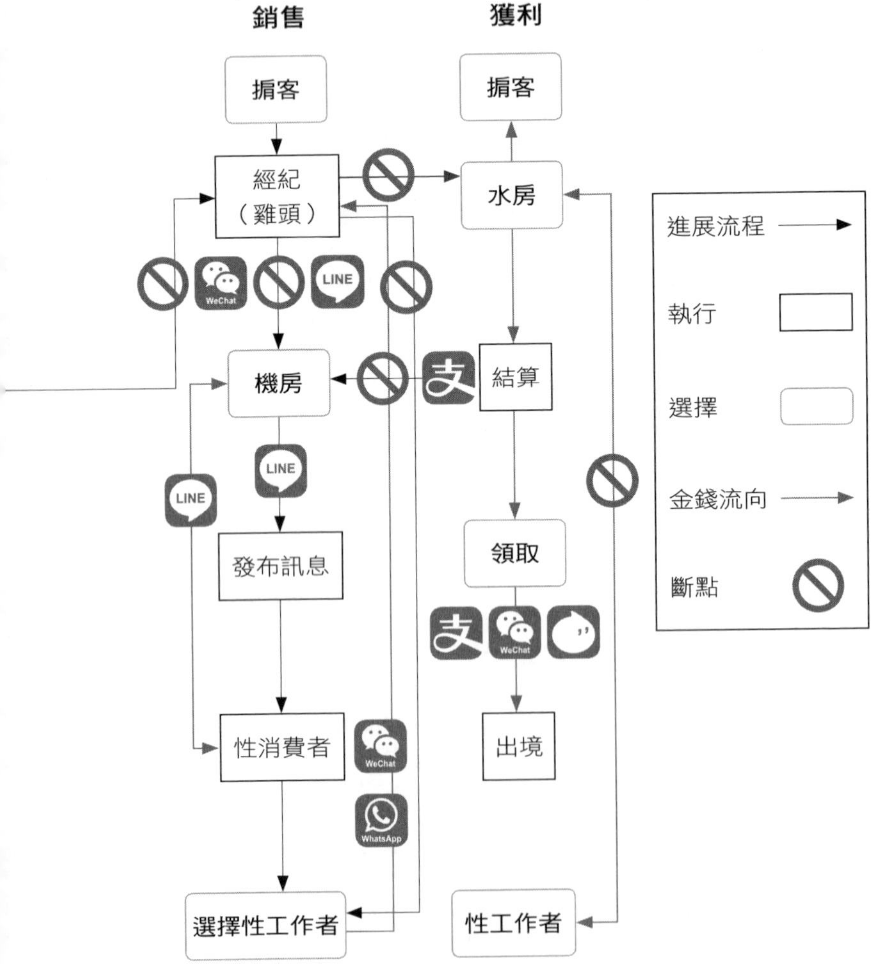
銷售
獲利
掮客
掮客
經紀
（雞頭）
水房
WeChat
LINE
機房
結算
LINE
LINE
發布訊息
領取
WeChat
出境
性消費者
WeChat
WhatsApp
選擇性工作者
性工作者
進展流程
執行
選擇
金錢流向
斷點

圖表 3-5 旅遊樓鳳的經營流程

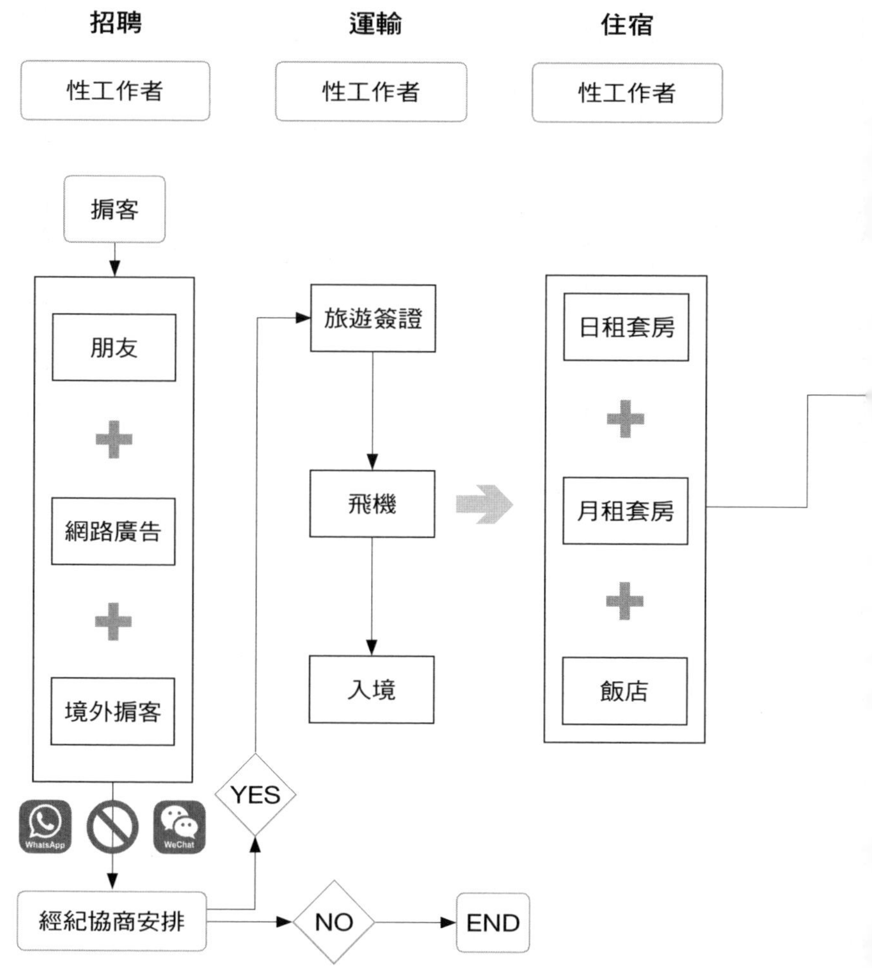

3 從供需法則，破解男人性需求

在經濟學中，價格與需求量是相對關係，而需求量指的是：「消費者在一段時間內，願意且有能力購買的數量」。當性交易成了一項商品的時候，供給和需求會如何呈現呢？

英國經濟學家約翰．梅納德．凱恩斯（John Maynard Keynes）認為，商品總需求的減少是經濟衰退的主要原因，政府應運用可以增加需求的財政與貨幣政策，處理短期經濟循環造成的負面影響。

依據他提出的凱恩斯總供給曲線，標準的供給和需求模型為（下頁圖表3-6）：**向右上傾斜的是供給曲線**，代表生產者願意在某一價格水平下出售的物品數量，稱作供給法則。**向右下傾斜的是需求曲線**，代表消費者願意在某一價格水

圖表 3-6 凱恩斯的供給和需求模型

需求法則—價量反向；供給法則—價量同向

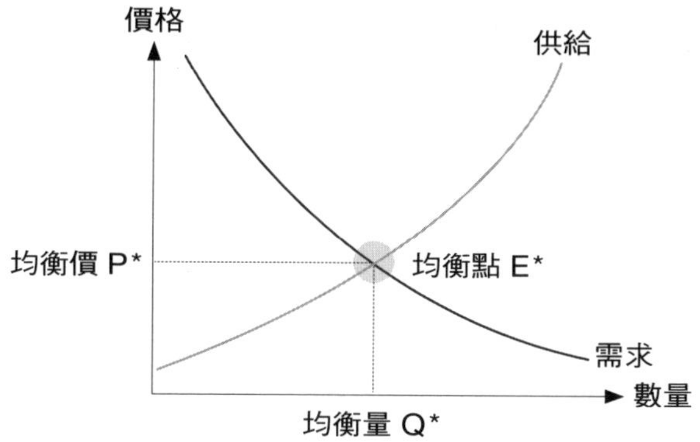

平下購買的數量，稱作需求法則。兩條曲線交接之處（均衡點）就是均衡價格和均衡產量。

在其他因素不變下，單考慮商品本身的價格，則當價格越高，消費者買得越少；也就是價格與需求量呈反向變動關係（價量反向）：需求量隨著價格下跌而增加，供給價格上漲而減少。

例如：今天嫖客想開機，得先看看性交易價金多少錢（價格），然後再想想荷包的錢（所得），要不要改叫東南亞籍小姐（相關價格）等。若價格較高，則可能選擇不消費。

另一個供給法則：業者決定某商品要生產多少，要考慮到商品本身的價格、成本等因素。如果其他因素不變，則商品價格越高，廠商的供給量會越多；也就是，某物的價格與供給量呈同向變動關係（價量同向）。

換言之，當性工作者的價錢高，業者就增加供給量；價錢不好，自然也就減少引進了。

以下，我將透過經濟學模型（以價格、工資為變項，性服務需求的總量為總需求），來推論旅遊樓鳳的供給與需求是否已達到平衡，同時將我研究所獲得的性交易價金與性工作者人數套入，藉此檢視是否達到飽和，以及性交易價格在各國籍性工作者之間的影響。

從下頁圖表3-7可看出，旅遊樓鳳性工作者人數成長，讓性交易價格逐步下滑，這同時也應證了第二章提到的，東南亞籍性工作者大幅進入臺灣，影響到性交易價格。

圖表 3-7 旅遊樓鳳性工作者與價格關係

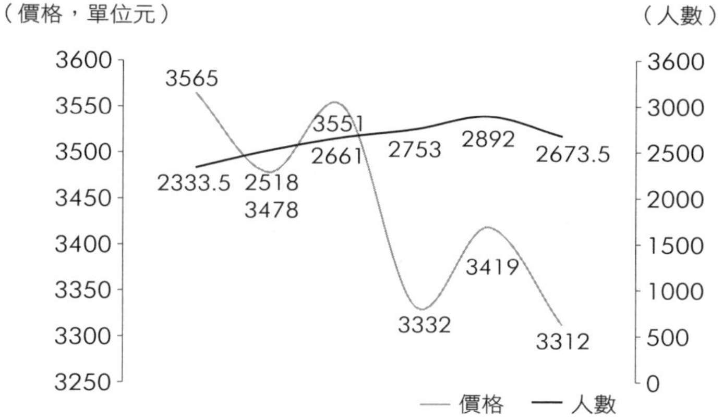

資料來源：LINE2 統計。

從供需法則，抓男人口味

接著，讓我們以供需理論，來檢視各國籍性工作者的人數與價錢。

從下頁圖表3-8可看出，在眾多外籍性工作者的競爭下，臺灣人仍保有優勢，得以讓臺灣籍性工作者在外籍人數增加後，價格仍持續上漲。

此外，透過訪談亦得知，如果**價格固定或是差異不大，嫖客願意先選櫻花妹、泡菜妹**，其次

圖表 3-8　臺灣籍性工作者的樓鳳人數與價格關係

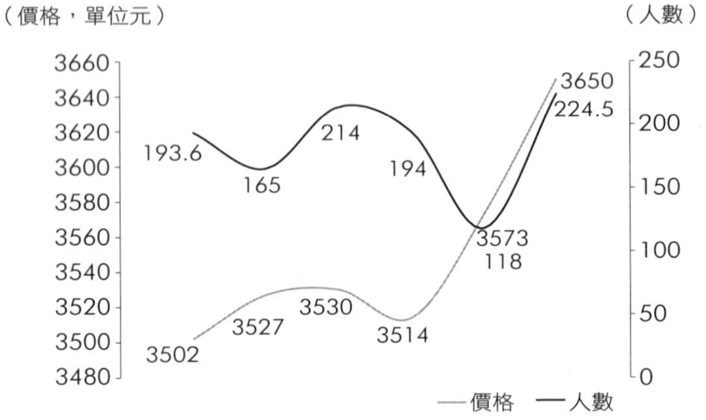

資料來源：LINE2 統計。

為辣臺妹，**勉強選左岸妹（大陸妹），東南亞妹只是吃粗飽**的最後選擇。

前面提到，假設其他因素不變，當一件物品的相對價格上升時，其供給量也會上升（供給法則），這點和臺灣籍性工作者的狀況相符合（圖表3-8），代表**臺灣人還是對辣臺妹心有獨鍾**，就算一時被低價或是美色所迷惑，最後還是有很大的機率回頭找辣臺妹消費（下頁圖表3-9）。

該圖表也符合供需理論，若

圖表 3-9　即使價格較高，辣臺妹依舊受嫖客歡迎

供給量小於需求，供給大幅下降後，價格便大幅上升，顯示辣臺妹在嫖客心中遠超過左岸妹與東南亞妹。

另一方面，中國籍性工作者的價格，則呈現大幅下跌（見下頁圖表3-10）。之所以會產生此種情況，是因為東南亞籍小姐大量進場。

原先臺灣性產業的低價區以中國籍為主，但由於東南亞籍可提供更為低廉的人力，才讓旅遊樓鳳業者轉而

圖表 3-10 中國籍性工作者的樓鳳人數與價格關係

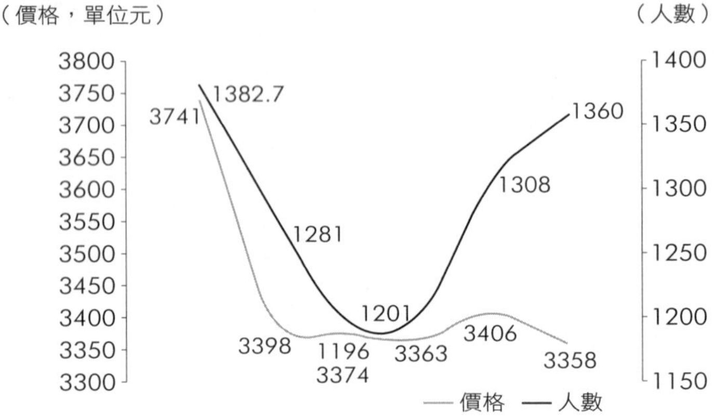

資料來源：LINE2 統計。

引進東南亞籍性工作者。

然而，儘管業者首度減少中國籍小姐的引進，但由於十二月適逢機票漲價期間，東南亞籍性工作者減少，業者只好又以中國籍填補缺口。

因此我們可推測，**中國籍與東南亞籍互相填補市場，形成複合供給**（Composite Supply，每種物品都可以被其他物品代替），而最後性交易金額落在每次三千三百五十八元的價格上。

複合供給：左岸妹和越南妹

在經濟學中，如為滿足某一種需求，彼此之間可以互相替代的商品，我們稱之為「**替代品**」（substitutes）。而旅遊樓鳳將東南亞國籍性工作者以低價促銷重新定位，並拉開與其他國籍性工作者的價差，吸引客人消費，即為經濟學中的替代效應（substitution effect）——**當價格變動時，消費者會以較便宜的商品來代替較貴的商品**。

在性產業上也是如此。當性成為一項商品後，不同國籍的性工作者大幅進入衝擊市場，造成價格崩跌、無法回升的情況。若我們假設人們因收入減少，而造成性需求降低，那就代表在原價格下，人們不願意再花那麼多的錢消費，凱恩斯模型中的需求曲線便會往左移動，此時會產生超額供給（供給大於需求）——過多的性工作者沒有人要消費，因而導致性交易價格下滑。

隨著價格越來越低，需求量會沿著新的需求曲線增加，而供給量則是沿著供給曲線減少，最後來到新的均衡點，而新的均衡價格與數量，都會比原均衡的價格與數量低。

例如：臺灣經濟成長率在二〇一五年創新低（自二〇〇九年起），一般消費者因經濟危機，導致收入停滯甚至下降，這正呼應了旅遊樓鳳性產業的演變原因。因為收入沒有增加，但**每個月固定的支出還是相同，原本用來娛樂（性交易）的分額就下降。同樣是性交易，外送要五千元起跳，旅遊樓鳳族則是三千兩百元左右**，嫖客當然選擇ＣＰ值高的旅遊樓鳳。

4 性產業的經濟學

原本在傳統性產業中，消費者基數已固定，但發展至旅遊樓鳳，則因智慧型手機通訊軟體的使用，而有所轉變；將商品、價格等傳播給有興趣的隱性消費者，再加上商品容易取得，藉此擴大消費者基數，把餅做大。

然而，將單次性交易價金大幅調降，且消費者基數擴大後，明顯有供不應求的狀況（中國籍短缺）。業者便**大量引進東南亞性工作者**、甚至超過中國籍（第一六八頁），便是**藉由大量生產來解決供需不平衡的問題**（下頁圖表3-11）。

而旅遊樓鳳性產業利用較為低廉的東南亞性工作者吸引嫖客，使嫖客在同樣的預算下消費更多次數，由價錢下跌產生的狀況，我們稱作「所得效果」（income effect，價格不變下，因所得或購買力變動引起消費改變的效果）。

圖表 3-11 東南亞籍的樓鳳人數與價格關係

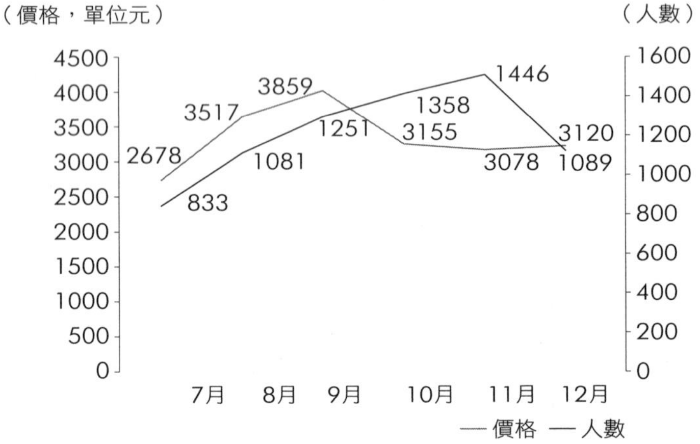

資料來源：LINE2 統計。

在產生替代效應、所得效果之後，性消費者仍會選擇較便宜的商品，這在經濟學上合稱為「價格效果」（price effect）。

旅遊樓鳳為了配合市場需求降價，並以更便宜的原物料，達到市場均衡，以此方式快速搶占臺灣性產業市場，進而排擠其他性產業模式。

另外，還將同樣的商品，也就是「性」，做出差別訂價（price discrimination），這是為了在不同的市場做出套利

圖表 3-12 **旅遊樓鳳的經濟腦**

經濟理論	旅遊樓鳳之市場變化
替代效應（substitution effect）	辣臺妹減少，就找左岸妹；左岸妹不能來了，就找東南亞妹。
所得效果（income effect）	假設小姐的價格不變，因為所得或購買力變動，會影響嫖客的消費次數。
價格效果（price effect）	小姐的價格變動，引起嫖客增加消費次數或選擇。
差別訂價（price discrimination）	因為嫖客就是要獲得一次性交，業者須了解消費者購買商品的願望與能力，藉此做出不同的訂價區分，以提高購買意願。

（arbitrage，購買一項資產的同時，賣出該資產以獲得價格差額）。

經濟學中，這樣做通常是因兩個市場所得不同，就不同所得訂出不同價位，如此可以將利潤達到最大，讓邊際成本（marginal cost，購買的產品帶來總成本的增量）的效用達到最大。

換言之，與其讓性工作者閒置，不如降價以刺激銷售量，讓原本門檻降得更低。於是，**同樣的商品、不同產地卻同樣標價，消費者就會依照自身喜好挑選**。

我在前文有提到，臺灣男人的喜好排名為臺灣籍、中國籍、東南亞籍，因此如果東南亞籍和中國籍同樣價格，將毫無競爭力。再加上，為替代中國籍缺口而大量引進的東南亞籍性工作者來臺若無法獲利，亦會造成產業鏈多方面的損失。

因此，我研判是**原先市場需求面大於供給面**，便大量引進東南亞及性工作者，但由於性交易定價兩者相同，造成東南亞籍性工作者業績仍不足，才會以較低價錢（差別訂價）拉開差距，藉此吸引更多嫖客前去消費。

5 從4P到4C，樓鳳也要懂行銷

從前述業者與嫖客的訪談內容，可看出臺灣性產業模式正在轉變，以更貼近消費者購物習慣的方式來經營性產業。例如，大眾的消費模式已從實體零售業轉變為網路電商購物。

這對消費者的好處是商品更加透明、資訊更加公開，商品項目不僅更多，也提供更多元的交易模式，像是自取、送貨到府、除去中盤商，降低商品價格，讓消費者購買意願更高。另外，還有降低購買門檻、每日播送廣告、特定節日促銷、大量購買另有折扣等。

而對於旅遊樓鳳業者的好處，則是去除占據利潤最大的三七仔，再將市場擴大、增加銷售對象，以提高獲利，同時降低業者加入的門檻、支出成本、司法風

圖表 3-13 旅遊樓鳳的商業促銷手法

▲旅遊樓鳳的聖誕節促銷廣告。

- ✔ 特定節日降價
- ✔ 摸彩
- ✔ 打廣告，顯示最優惠價格
- ✔ 截圖回傳拿折價金

險（以網路規避警察）等。

而其中的載體為普及於日常生活的智慧型手機與便利交通。如同過去由於家用電話的普及，促使傳統妓院轉成應召站，便利的資訊與交通，則又讓應召站轉變為旅遊樓鳳。

在統計報班資訊中，旅遊樓鳳的機房會推出特定節日降價、摸彩等商業促銷活動（圖表3-13），以吸引嫖客上門消費，並且會在廣告中顯示自家機房提供價格最優惠，如有其他機房更便宜，**截圖回覆就能獲得更低價格**。

業者也會提醒嫖客交易均用現金，「如要預先交付點數，均為詐騙集團」的提醒標語。

此外，性產業還發展出**「網站會員」制度**。嫖客只要有消費紀錄或經其他會員介紹，就能取得會員帳號並加入該網站及瀏覽。成為會員以後，也能推薦朋友加入下線，來換取折價。

另一方面，樓鳳業者也會在會員網站上，有限度的公開小姐的相關資訊及**提供其他嫖客的客評**，以部分透明的商品資訊吸引會員目光，進而提高客人的消費意願。

從訪談中得知，臺灣性產業低價區以中國籍性工作者為主要市場，而二〇一六年，新南向政策對東南亞籍旅客來臺條件放寬後，來臺從事性工作的東南亞籍人士也大幅上升，導致大臺北地區喜愛東南亞籍的消費客群達到飽和。業者便以低價促銷東南亞籍性工作者，讓更多客人願意消費。

4P到4C：從產品導向，到消費者導向

過去性產業，例如外送應召是以性服務（產品）為導向，而後轉變為旅遊樓鳳，從下頁圖表3-14，即可明顯看出4P與4C的轉變。

- 4P：產品（小姐）、價格（嫖資）、通路（雞頭），以及促銷（口頭打折）。
- 4C：顧客（客人需求）、成本（願意支付多少錢）、便利性（節省交通、時間等成本）、溝通（以客評吸引其他顧客）。

賣淫也看廣告觸及率

由於臺灣仍未成立合法性專區，因此我認為地下性交易並不會消失。當需求大於供給（嫖客有需求卻無法得到滿足），此類即為**賣方市場**。在不能合法取得

圖表 3-14 旅遊樓鳳從 4P 到 4C

的情況下，供給與需求都需要躲在社會黑暗面。

過去性產業（供給面）使用街頭拉客、張貼小廣告、口耳相傳等人力方式傳播，之後又進展到會員制網站，但多半只能吸引到少數嫖客（需求面）。

有鑑於此，在商業行為中，如有新商品上市需要行銷，通常會採用廣告的方式，讓消費者了解新產品上市的訊息。

此次研究亦發現，當科技改變民眾行為模式以後，新科技吸引了更多隱性消費者，而消費者基數的擴大，也讓業者得以謀取更大的利益。

例如：樓鳳業者會讓小編在歐洲論壇刊登文章，或是在臉書社團中張貼廣告（見下頁圖表3-15）。而且，很多都是好康道相報，透過朋友介紹得知管道，如以下嫖客訪談：

「網路上或是同事會互相交換訊息、喝茶吃魚的論壇。都是一個當兵的學長跟我講的，就是有個LINE群組，會給你看妹的價位、地點、照片什麼的。」

圖表 3-15 樓鳳的臉書廣告文

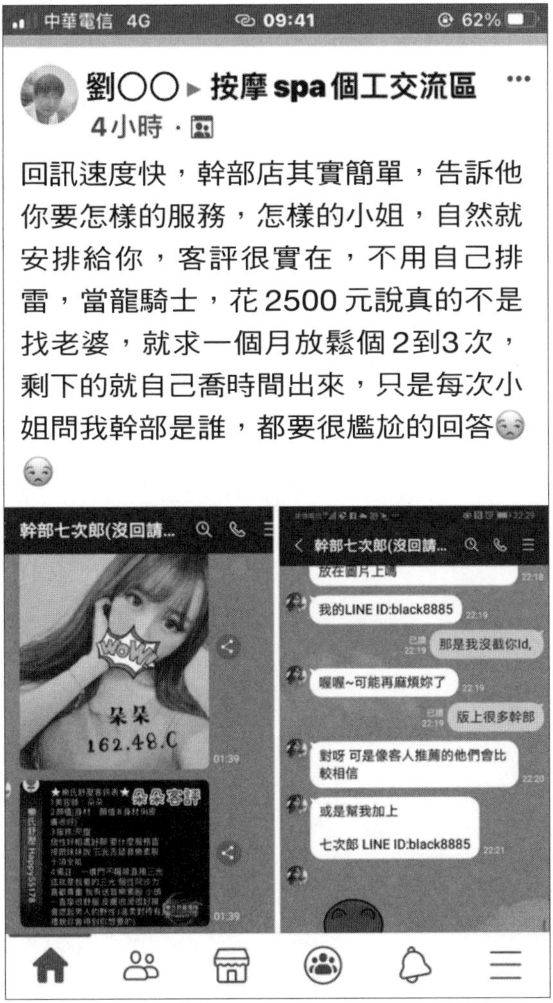

「剛開始去了幾次朋友推薦的，後來就自己加 LINE 好友。反正小姐每天都會報班，平常也可以用來打發時間，照片看一看『懶覺』如果會癢，就問機房價錢怎麼算。」

6 加值服務、極樂無上限，讓菜雞秒變回頭客

至於旅遊樓鳳有哪些特殊玩法？其實，很多都是中國籍小姐在當地躲避掃黃之後帶來臺灣的，像是桑拿。**所謂桑拿**，一般**就是洗個「殘廢澡」**（按：小姐用身體當海綿幫客人洗澡），然後按摩一下，然後就開始辦事，辦完事就結束。或是先按得你通體舒暢，再進洗澡房，好好的洗個「乾淨」；然後跳個豔舞，走背部服務，再翻到正面服務，還可以加錢做一些**空中飛人**服務——在按摩床上方的鋼架，綁一條粗紅繩，**用倒吊的方式**，**進行口舌服務**。

此外，也有提供**日本極樂泡泡浴**服務，在飯店的浴室內擺上氣墊，這在日本愛情動作片很常見，在日本甚至已被列為非物質文化遺產。

此外，我還發現**有特定性工作者會提供1S／2S**等加值服務。

在臺灣，過去性產業是以一節計算，在時間內做1S，嫖客想要2S就必須點兩節。設定此種促銷方式的原因，研判是**利用嫖客的貪小便宜心態**，或是完成1S後，雖然嫖客購買時間未到，小姐卻常因為不用再提供性服務，不願與嫖客互動。

相反的，倘若嫖客買的是2S，小姐因為要在時間內完成另一次性交，所以與嫖客之間勢必會有更多互動。

從訪談中得知，彼此能否交談也是嫖客選擇性工作者的要素之一。不過，嫖客時常無法在購買時間內完成兩次性交，因為和小姐聊天也算在購買時間內，故無法界定性工作者除了賣身之外，是否還包括賣笑服務。

然而，基於嫖客的心態、小姐希望於時間內能賺取更多價金，從增加1S／2S銷售方式可看出，旅遊樓鳳除了有顧及到顧客需求，也十分了解中國籍或東南亞籍的性工作者，她們為了在單位時間內獲取更多金錢，當然願意為此付出更多勞力的心態。

「有些客人會覺得1S一下就沒了，想要2S，所以點2S的人還滿多的。2S就加五百，這個錢是給小姐。但買兩節，雞頭、機房都有抽。兩節就是2個五十分，一個客人一節抽一次，剩下的加值服務都是給小姐。」

——雞頭

「客人不出來、要一直弄很累，加五百要忙很久是真的很累啦，生意好的小姐就不愛賺。或是**客人有時候沒辦法第二次，小姐就跟他聊天或是自慰、跳舞給客人看**。」

——雞頭

業者還透露，客人點加節服務給小姐的費用都要再分，除非是客人和小姐自己私下喬，但這就違背江湖老規矩。至於**口爆、無套等加值服務，都是給小姐全拿**，雞頭沒抽，但如果2S有算次數就有抽成。

對業者來說，次數比較好算。不過，**有些小姐想做回頭客**，就會提供「殺必

圖表 3-16 加值性服務項目

機房	項目
服務分類（快速搜尋）	#無套 #後門 #泰國洗 #脫衣舞

死」（優惠）服務，所以有時不用加錢也吃得到。

要注意的是，LINE 上面說約幾分鐘、幾次都要先講好，因為要算錢，不然會跑單。小姐如果想要多賺，還是會讓客人加服務，反正她就自己賺起來。

從機房每日提供資訊中，將機房所提供服務項目分類整理，即可得出多數嫖客向機房要求的加值服務項目，請參圖表 3-16。

但也有小姐表示，某幾種嫖客是不受歡迎的。

「最討厭接酒客跟入珠（按：將珠子埋入陰莖的皮下組織）的，因為酒客會失控，而且弄很久都出不來，有些客人還會睡著。至於入珠的，就是很累，還會破皮。」

性產業檔案

尺度全開：性愛直播

隨著網絡的普及化，性產業也更多元。德國除了有全歐洲最大的妓院、俱樂部之外，也出現各種色情網站，其中還有性愛直播。

所謂「性愛直播」，以女性性工作者居多，負責在鏡頭前跳脫衣舞、做性感動作，或是以兩人或多人現場做愛，讓網友們在線上收看，收費約一分鐘五歐元（約新臺幣一百六十五元）。特別的是，**直播主大多不是AV演員等專業人士**，**反而是學生**、**家庭婦女**、**失業者**，這些人能透過這種方便又安全的方式賺錢，改善經濟狀況。

直播網站會向直播主收取一五％的仲介費。一位直播網站經營者認為，性愛直播是時下最新的性服務方式，不僅性工作者可以自由選擇服務時間、地點，性消費者也能保有自我隱私；而在臺灣也有類似的網站，例如「SWAG」（按：前身為「17」直播）也有性愛直播的服務。

除了性愛直播影片，「gesext.de」網站還成立了性交易平臺提供競標服務，性工作者可以**把自己的服務當作商品**在該網上拍賣，而嫖客只要喜歡該性工作者，就可以出價競標。

性產業在德國完全合法以後，網路平臺相繼出現各種噱頭。例如，可以選擇和處女或孕婦做愛，也可以選擇沒有任何防護措施的性交等。然而，這樣的網絡性服務，引起女性權益及人權組織的強烈批評。同樣飽受批評的是，不少妓院**為了促銷搶客，打出吃到飽的策略：嫖客只要交一次錢，就能不限次數性交**。結果，妓院之間陷入價格戰，有些妓院甚至推出「四十九歐元無限次性交」的方案（按：約新臺幣一千六百一十七元）。

7 怕被鴿子抓？是男人就賭一把

接下來，我將從嫖客的角度（需求面）來剖析消費者的風險，包括對傳統性產業的各種不滿意、抱怨等，進而對比是否在旅遊樓鳳已獲得改善，以及其蓬勃發展的理由。

在一次性交易過程中，發生任何意外都是由機房先行處理，**如跑單、遭到警方查緝等**，機房都要先行處理。由此可知，**機房在一次性交易中，價金獲利分成微薄，卻需要承擔巨大風險**。這在其他商業行為中實屬少見。

據某雞頭透露，其實不管大小事情，傳統的應召模式都是公司負責處理。像是碰到客人白嫖的話，他們就要找三七仔負責，如果三七仔也跑了，就只好自己吸收。還有，小姐如果被抓，仲介要賠介紹人錢，**一個小姐最少都是賠五萬起**

跳，最高到十萬。如果確定出事的話，當天就要送錢過去給經紀人，所以臺灣幹部要先去找錢，如果馬伕身上有的話，通常就會先給。公司除了賠給小姐，也要賠馬伕三萬。

此外，樓鳳業者還提到，**過去應召站模式，警察如果要抓人，一次都是抓一對，也就是馬伕跟性工作者，如此才能構成刑法媒介性交易或是《社會秩序維護法》**。

「我看應該是北風北了，外送的投資報酬率根本不夠。風險這麼大，抓到要判、還要關。這行從以前就不好做了，只有錢水比較活，因為每天收帳，所以都走現金……。

「那些員工也不想做啊，但是他們沒辦法找到正常工作。其實，做這個跟外面正常上班的薪水也差不多啦。時間長又不好做，機房的工作時間就是從中午一點開始，然後營業到半夜一、兩點，都要超過十二個鐘頭。」

——阿欽

從上述訪談，我們可得知性外送服務已成為夕陽產業，目前以旅遊樓鳳為最盛行。然而，儘管機房掌握所有報班資料，但當利潤與風險不成正比，且機房需負擔性交易中絕大部分的風險時，例如：**客人跑單、警察釣魚等都由機房處理，風險轉嫁或降低風險當然是優先選擇**。

因此，機房傾向將風險轉嫁到小姐頭上，因為只有小姐會被抓到，還有房東及租客也會被警方通知到場製作筆錄（小姐則是會領取雞頭預繳的保證金）。而這樣的法令漏洞，被業者加以利用是可以預期的。

消費者的風險：只有在房間內

因大法官第六六六號釋憲案後，臺灣嫖客亦有法律責任，所以嫖客在進行性交易之前就要考慮清楚，自己是否能夠承擔風險，與釋憲前相比風險也確實較高。

在旅遊樓鳳模式中，我發現**嫖客需承擔的風險，大多在於進入性工作者房間後進行性交易的時間**（請參下頁圖表3-17），在前期預約行程、後期離開均無風險。

但是，除去司法追訴風險，嫖客更該擔心的反而是，東南亞籍小姐易散播性傳染病。

嫖客在一次性交易當中，雖是支付金錢的消費者方，但在訪談過程中，我將影響嫖客消費意願的幾種風險歸納如下。

一、時間成本：

在訪談當中，我注意到許多嫖客對過去性工作者的素質感到質疑。在以前，性工作者要服務哪位嫖客全掌控在雞頭手上，時常會讓嫖客有不符合性價比的情況，也常有潛規則——例如，一定要先打槍第一位小姐。然而，因換小姐需要時間，所以犧牲的還是嫖客自己的時間。

圖表 3-17 炮房內示意圖（中山區）

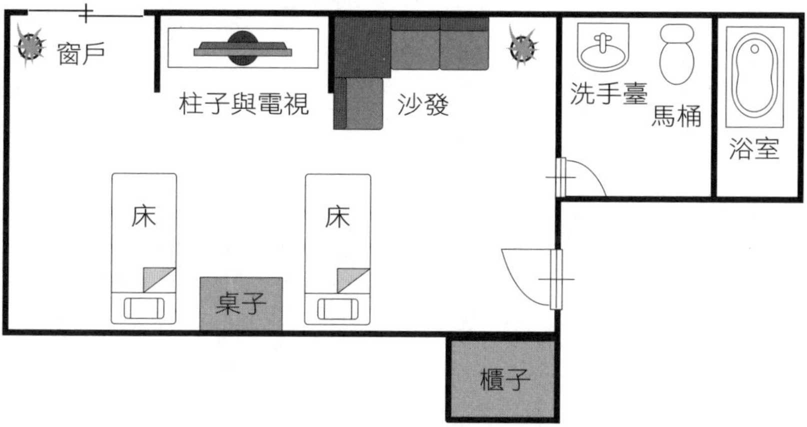

▲中山區飯店因兩張單人床房型銷售較差，故大多轉租樓鳳業者使用；租金一天僅 1,000 千元。

二、自身安全：

合法性產業在公娼廢除以後，性產業完全轉入地下，遊走於法律邊緣。

嫖客至性產業消費時，除了性交易是非法行為以外，他們因須將衣物、財物放至在一旁或置物櫃內，而有可能遭到店家控制、索取金錢等不特定的風險。

當然，安全性行為也是很重要的一環。

三、司法追訴，還有最怕老婆抓包：

因臺灣仍未成立性專區，以臺灣法令來說，如性交易被發現，仍會遭到《社會秩序維護法》相關條例裁罰。

對嫖客而言，罰款事小，**法院會將相關案件司法文書寄到家中，引發的問題才更嚴重**。我曾遇過，嫖客被抓到，第一句話竟是問：「警察先生，可不可以不要告訴我家人？」以下為幾則嫖客訪談。

「很多人都有去啊，不會那麼衰被抓，而且警察臨檢的時候，店家都會預告。至少，我認識的人都沒被抓過。」

「嫖客風險比較低，因為只有在做的時候才會被抓吧！我還沒走進去就不算嫖啊！嫖完出來，也就沒事了。」

「不會浪費時間，省房間錢（外送），感覺比較安全。因為不會跟其他人接觸到，只會跟小姐、總機通電話；去店裡（幹部店）還會看到少爺，有時候怕會被乾洗。」

降低風險的神隊友：沒人監控的住商大樓

在農業時代，住宅租賃需要與屋主會面看屋、交接鑰匙，因為屋主就住在附近，因此要利用租賃房屋從事非法行為並不容易。然而，進入工業時代以後，民眾的居住地從農地轉成工廠，屋主就將房屋隔成小間，租賃給其他租客。

後來，因商業活動發展趨於熱絡，建商們便逐漸以**集合式大樓（商辦住宅混合型）**，將有限的空間隔出最多的套房，並出租給外地求職人口。然而，因租客的工作時間及性質、生活習慣不一，也使得大樓的監控程度下降。

當人們習慣使用網路以後，流動人口進駐出租套房就更方便了。只要上網預訂日租套房，房東告知磁扣位置或密碼即可自行進入。一般來說，只要錢有匯入戶頭，房東並不介意租客在房間中從事任何行為，包括犯罪。而且在住商混合大樓，即使有其他人進出該套房，也不會引起其他房客的注意，因此監控品質更趨下降。

換言之，**不是無法做好監控，而是沒人想去監控，反而成了非法行為最好的掩護**。

二〇一九年起，旅宿業的住房率因中國旅客減少而持續下滑。旅宿業為謀求生存，轉而與性產業合作，讓性工作者在旅館、飯店內接客，以收取租金謀利。但每日進入性工作者房間的不特定消費者不計其數，就是旅宿業者故意視而不見，配合降低監控程度。

依過去的規範，飯店、旅館需要通報住宿旅客資料給當地派出所（按：現已修法，改為半年向主管機關觀光局報告），但現在有許多住宿業者為了求生存，對小姐在飯店房間接客都是睜一隻眼閉一隻眼。飯店門房每天看到男客進進出出，並且要求提供大量毛巾，還沒察覺有問題，難道是業障重嗎？

此外，旅遊樓鳳的性工作者大多被放置在交通方便地區，如捷運容易到達，也可讓嫖客輕易的上門。

就以西門、中山、三重、板橋來說，這幾個地區有大量非當地戶籍的流動人口，活動或居住於該地區，且不論是工作或消費娛樂，都是民眾時常經過的地區。但也因大量流動人口於此處工作或消費，屋主也逐漸將住商混合大樓隔間成套房，出租給不特定人士居住、休息。而這類型的住商混合大樓，因進出頻繁且複雜、無法有效管控，反而成了最好的掩護。

Chapter 4

抓跨國賣淫，警察總是做白工

性慾是人性，犯罪更是人的天性。

1 人人有風險，但警察辦不了

地下經濟性產業最大的風險有兩種，一是**洗錢會被警方查緝**，另一則是**遭司法追訴**。

首先，讓我們來看看旅遊樓鳳性產業業者是如何規避司法追訴的。旅遊樓鳳在跨國聯絡時，會使用到 LINE、WeChat、WhatsApp 等通訊軟體。因**產業鏈中各角色均使用不同通訊軟體**，以及數位電話來聯絡，如國外機房與國內雞頭以 WeChat 互相聯絡，國外機房與國內消費者以 LINE 聯絡，雞頭與性工作者聯絡則依國籍分別使用 WeChat、WhatsApp，因此**警方要拼湊出完整的性交易訊息流程十分困難**。

更不用說，產業鏈中各角色不一定在臺灣境內，若業者所使用的通訊軟體公司將資訊存放在外國，也會因申請通聯、個資曠日費時等因素，製造出許多斷點阻止司法追訴。換言之，警方根本無法及時遏止媒介性交易，再加上通訊軟體帳號申請容易，便成為機房大量利用的工具。

只有小姐被抓到≠性交易

另一方面，對性工作者來說，警察如果要進入出租套房或旅館、飯店房間，需事先向法院申請搜索票等，因此小姐單獨居住在套房內是安全的。與過去應召站模式需要乘坐交通工具會遭警察攔檢相比，已大幅降低司法追訴風險。

會遭到司法追訴，只有當性交易完成後，嫖客離開時開門的當下風險最大。

另一項則是小姐可能會遭到嫖客白嫖、暴力對待等。

有鑑於此，旅遊樓鳳採取先收費、提供陪同洗澡（按：為躲避警察喬裝成嫖客）等服務，藉此減少性交易的風險。如有小姐遭到嫖客暴力對待、搶錢，就會立即通報給位於附近的雞頭協助解決問題，而嫖客此時通常怕事情鬧大，往往選擇付錢妥協。

如果警方查獲時，**只有性工作者與嫖客在房間內，沒有抓到媒介性交易的機房或雞頭，警方亦無法以刑案移送、無法獲得刑事績效**，僅能以《社會秩序維護法》移送性工作者。

且實務上，警方**往往無法證明性工作者的獲利所得**與性交易有關。在司法偵查上，也時常無法認定是否有媒介性交易，原因是警方**無法證明屋主、性工作者、客人在性交易後有獲利分潤**。即便要向上追查，也只能通知房東出面說明，但由於出借場地的房東大多是不知情的第三者，因此追查租房子的人頭亦往往毫無斬獲。

此外，對於旅宿業者來說，只要證明沒有門禁，或是僅為訪客拜訪管制並無媒介及從中獲利，即可明哲保身。

於訪談過程中，某位機房表示，數年前在臺灣一次性交易的價金，小姐會先以面交方式分給三七仔、雞頭、馬伕等，除非現場被司法單位查緝，並不會留下相關證據，遭到司法單位追查。但**機房為了將資金帶到中國繳交各項費用，會以跨境匯款或是人力方式攜帶出境。**

機房才有司法風險，嫖客與小姐頂多罰錢

不過，機房如被司法追訴也是跑不掉。因為跨境匯款與網路電話，是機房從事犯罪行為被司法單位定罪的明顯證據。這是因為，申請網路電話需要電信公司安裝，也就會有申請人的資料。而跨境匯款，以金流查緝也是非常容易。對於業者來說，只能賺一天是一天。

「就是要增加小姐跟雞頭的人數，我們才能賺錢。我們有專門的外務在收錢，然後中國用對匯的方式，一個月匯一次給我。我先在中國開戶，他再轉匯

圖表 4-1 旅遊樓鳳 v.s. 應召站風險大車拚

	旅遊樓鳳	應召站
小姐	・警察入內須先申請搜索票；沒有嫖客上門，性交易即不成立。 ・就算抓到小姐和客人，因沒有抓到媒介的機房或雞頭，亦不構成刑法。 ・如遭嫖客白嫖，有雞頭可就近支援解決。 勝	・搭乘交通工具，容易遭到警察攔檢。 ・若小姐和馬伕一起被抓到，即依《社會秩序維護法》移送法辦。
仲介	・因使用通訊軟體不一（境外存放資訊、通聯申請困難等），導致司法查緝多斷點。 ・機房使用跨境匯款、網路通話時，有被捕風險。但機房會把風險轉嫁給小姐。 ・即便函送房東，因為雞頭大多用人頭租用房間，警方很難證明之中的謀利情形。 勝	・三七仔容易跑單。
客人	・得注意釣魚警察，但只有在房間內有風險。完成性交易後，開門的當下風險最大。 勝	・有被應召店家乾洗的風險。
機房	・易被查獲跨境匯款與網路電話。	・會遭司法追溯。

給我。

「你說在洗錢的喔，我們這個還不用啦，因為金額不會很大。你看一單才三百，如果有員工回來臺灣，順便處理就可以了，看要帶錢出去或是存到自己的帳戶。大部分帶出去不會超過十萬元，我們收的錢大部分當天或幾天內就會處理掉，所以不會留太多錢在身上。」

——阿欽

截至二〇一九年七月三十一日，臺灣警方仍未查緝到完整的旅遊樓鳳性產業鏈，只查獲些許雞頭旗下的性工作者，機房仍未有起訴紀錄。臺灣警方對於查緝旅遊樓鳳性產業有許多困境仍待突破，例如：**簡化調閱機房所使用通訊軟體資料**、**增加跨國合作**等。

就我看來，在諸多司法追訴的困境下，整個性產業鏈能獲取大量利益且風險降低，也是旅遊樓鳳蓬勃發展的關鍵因素。

2 犯罪心理學，賣淫不分國界

在第三章，我們了解到，旅遊樓鳳之所以可以在短時間大幅擴散至全臺，是因為他們以更加貼近民眾消費的方式來經營，並降低各項風險，讓嫖客更願意嘗試。

然而，由於此種經營模式逐漸**將各分工專業化，也相對增加警方在查緝上的困難，導致跨國賣淫難以查獲**。且各角色分工專業化以後，**並未有負責整體犯罪流程的主導者**，而是**以塊狀結構組成性產業鏈**。

例如，機房專業且組織化，利用手機或電腦向嫖客推銷，並將每日雞頭報班的資料分類、美化等。另一方面，雞頭卻是非組織化，沒有固定的工作空間；而假借旅遊來臺賣淫的性工作者，同樣屬於非組織化。換言之，我們已無法再以組織化（應召集團、店家）程度、提供服務項目（賣笑、賣淫）來簡單劃分性產業。

消費者的犯罪心理

那麼，旅遊樓鳳如何讓一個原本奉公守法的男性，願意踩過犯罪的界線，與性工作者進行性交易呢？

一般來說，在現有的犯罪學知識中，有三項理論觀點：理性選擇（Rational choice）、日常活動理論、以及犯罪型態理論（Crime pattern theory）。**日常活動理論**，主要論述**三個變項會促成犯罪發生**，分別為「有動機的犯罪者」、「合適標的物」、「有能力監控者的不在場」。當這三項要素出現，或其中兩個變項混合後，犯罪率便會上升。

首先，機房在網站上廣泛散播性交易相關消息，藉此引誘原本沒有管道獲得此類消息的消費者加入，也就讓一般人成為可能的消費者（有動機的犯罪者）。

再者，每日公開性工作者相關消息給消費者，並且**提供更低廉的價格**，刺激消費者前往，也就是**提供合適標的物**。雞頭提供**出租套房或旅館**，即符合利於犯罪的場域；因政府放寬外籍旅客來臺相關政策，讓這些性工作者得以混雜在一般旅客中，變成以合法掩護非法，也就缺乏監控。

如此一來，在諸多條件均符合下，旅遊樓鳳會在臺灣各地大幅發展早已有跡可循。

此外，依據理性選擇理論，犯罪者的選擇和目標都是可以被解釋的，不但具有目的性，同時也是一種利己的選擇。但男人在犯罪時，往往沒辦法考慮太多（有限度的理性〔limited rationality〕），也就是小頭一充血，大頭就會降低理性。

只有被迫賣淫才能司法追訴，但小姐大多是自願

然而，對於樓鳳業者來說，賣淫是一連串的精密策劃與安排，如招募外籍人士來臺賣淫，須視該國法律有無追溯期；或是以運送手段來掩飾非法犯罪，讓外籍人士利用旅遊簽證來臺等。但弔詭的是，由於人口販運問題惡化，各國皆加強安檢次數及海關人員監控（例如：海關面試），假設性工作者是被脅迫來臺賣淫，在機場高度安全的管制下，怎麼會求助無門？

因此，我們可反推，這些前來從事**旅遊樓鳳的外籍人士大多是自願來臺**（在當地是否有家人遭到脅迫、金錢借貸等無法得知）。而且因整趟行程大多是自行完成，較無受到他人施暴、脅迫等，或是遭集團以毒品控制賣淫的狀況。

儘管在套房處等待嫖客上門進行性交易，即構成犯罪的合宜時間與空間，但由於許多業者會在其中設立許多斷點與阻絕物，以避免司法追訴，因此不論何種犯罪，都必須找到接觸標的物的途徑或管道。

或者我們也可以說，是整個社會的科技及進步，導致新的犯罪型態產生。現在的科技甚至進步到連法律也跟不上，因為保存在手機（如 iphone）中的資料，如果當事者不願意提供，就連美國政府都拿蘋果公司沒辦法。

跨國賣淫不會抓，也沒辦法抓

臺灣因為國際環境困境問題，**國際跨國賣淫幾乎抓不到**（為他國媒介性工作者到臺灣從事性工作，非臺灣人媒介到外國從事性工作）。白話一點就是，**抓不到外國人，只能抓本國人**。

為什麼呢？因為臺灣跟國際司法沒有接軌，外國寧願把犯人移送給中國，民進黨執政以後更是如此，抓都抓不到了，還想判刑，可說是痴人說夢。

依據臺灣刑法第二百三十條之一第一項，只要意圖營利，以強暴、脅迫、恐嚇、監控、藥劑、催眠術或其他違反本人意願之方法，使男女與他人為性交或猥褻之行為者，即可處七年以上有期徒刑。且依據刑法第七條，域外犯罪須屬最輕本刑三年以上者，才能成為刑罰的對象，此罪的法定刑為六個月以上、五年以下有期徒刑。簡單的說，就是**不會抓也沒辦法抓**。

此外，為解決人口販運問題，立法院於二〇〇九年訂定「人口販運防制法」。根據美國國務院「監控暨打擊人口販運辦公室」所出版之「人口販運報告書」，在亞洲及太平洋地區，人口販運被害人之盛行率，每一千人之中，約有三位人口販運之被害人。相較於，亞太地區人口販運被害人之盛行率，約高出全球平均值一．七倍（全球為每一千人之中，有一．八位被害人）。

但是，臺灣查緝色情產業有用到這個法案嗎？

根據內政部入出國及移民署統計資料，各司法警察機關查緝之人口販運案類，可分為勞力剝削及性剝削兩種，而自二〇〇九年起至二〇一三年七月止，各司法警察機關查緝案件中，勞力剝削有三百四十三件，**性剝削有二百四十八件**，共計查緝案件五百九十一件。

但是臺灣各級法院對於違反「人口販運防制法」之判決總件數為一百四十三件，其中六十四件，為程序判決，七十九件為實體判決，在七十九件之實體判決中，有罪判決僅占三十一件。亦即，判決總件數僅占查緝件數二四．二％，而有罪判決僅占判決總件數二一．六％。

為什麼會這樣？因為這些**查緝需要違反本人意願，如果小姐是出於自願即不在此列**。

性產業檔案

判決小知識

程序判決：不符程序規定的判決，即為程序判決。例如：免訴、不受理。

實體判決：屬於實體法（刑法）上事項的裁定。例如：易科罰金。

3 臨檢常變做白工，法官都佛心來著

目前臺灣對於性產業的控管，仍沿用過去的傳統方法，對開立實體店面的養身館、小吃店等，以行政干預手段進行臨檢，使其經營不善倒閉。但由於此類型的相關產業過多，例如臺北市中山區，經常因為當地警力無法負荷，而使臨檢流於形式。且現代科技進步，業者無須買通警方，只要在街道、巷口處加裝監視器，即可爭取到足夠的時間，將證據湮滅，令警方無功而返。

即使警方改以便衣入內蒐證，因需取得相關證據後，才能裡應外合將店家取締，所以仍有風險高且執行困難的問題。

我同梯曾經查獲一間溫泉鄉老舊旅館，門房從監視器看到警察後，就按下提示燈及控制電梯速度的按鈕，讓在休息室等候或正在進行性交易的媽媽桑與小姐們，盡快移動到安全的地方或是穿上衣服；控制電梯速度是為了讓警察較慢到達現場。曾經有警察要搭到七樓，電梯竟跑了快一分半，堪稱龜速。

從上述案例，我們可以發現常見的躲避方式：一、把風也就是使用門房監視，並且在旅社外加裝監視器；二、用提示燈通知正在進行性交易的小姐們趕快將衣服穿上；三、將電梯速度調低，好讓其他小姐有時間離開現場。

這些旅社都會互相分享躲避查緝的經驗。因為他們很清楚，只要被抓到一個就得壯士斷腕，其他的小姐還是要保下來，才能繼續營業。由此也可窺知，旅社很了解法律層面，第一是犯罪集團的定義，第二是現行犯（按：在犯罪發生的當下或發生後馬上被發現）的定義，第三是附帶搜索（按：指檢察官或司法警察在拘提或逮捕時，雖然沒有搜索票，但仍然可以搜索被告或嫌疑人的身體、隨身物品等）。

再者，在臺灣如果開一間店，偷偷做性交易花費要多少？

我們來算一下帳目，先不算裝潢、設備費，中山區租整層辦公場所，月租大約新臺幣六十萬元，水電費算二十萬元（炮房冷暖氣不能停）。若從中午十二點開始營業到凌晨四點，也要請幾個員工跟清潔工。就算最少三個員工、一人支付三萬，清潔工兩萬五千元，通通算下來，一間手槍店每個月支出共計九十萬元。手槍店每次消費約新臺幣兩千五百元，店家抽一半也就是一千兩百五十元。

換句話說，一個月至少要有七百二十位顧客上門，而小姐們每天最少要做到二十四檯（須視嫖客選擇），不然沒辦法營利，更不用說疫情期間業者苦哈哈，酒店還被市場勒令關門，大幅影響收入。接著，我們來看一下性交易管制的相關罰則（如下頁圖表4-2）。

從上述罰則，即可看出**臺灣法官在審判時都會參酌情況，並不會下重手**。且以「妨害風化」為案由，法院審理這類性交易的案子，普遍都判在六個月以下，其中以三到四個月為最大宗（約二七%），六個月的僅占一〇%；至於超過一年的，更只有二%。即便是累犯，也是以四到五個月為最多（約二七%），一年以上的只有三%左右——這才是臺灣性交易管制的現況。

圖表 4-2 性交易管制罰則

管制對象	依據法規	罰則
嫖客	《社會秩序維護法》	約 3,000 元。
小姐	《社會秩序維護法》	3,0000 萬元以下，以 3,000 元到 5,000 元居多。
馬伕	《刑法》	被判刑坐牢、罰金約 5 萬元以下。
雞頭	《刑法》	被判刑坐牢、罰金約 5 萬元以下。
店家	《刑法》	負責人、相關人等抓去關、罰錢，導致斷水斷電、倒店。

宅男警察調查趣

一樣被抓，小姐兩樣情

東南亞籍的小姐覺得臺灣警察人都很好，不會動手動腳、吃豆腐、打人、偷錢之類的，而且很年輕、很帥。中國籍小姐則是覺得：「打擾她賺錢了」、「她趕時間」，而且管制五年內不能再來臺灣（按：賣淫者除依社會秩序維護法裁罰，也會依涉案情節輕重進行至少五年來臺的入境管制）。

4 國外性產業的現況

關於性交易是否應該除罪化，一直都是高度爭議性議題，各國管理與管制制度也都不一樣。

非營利組織全球百夫長（Global Centurion），統計了一百個主要國家的性交易政策，分析出「全球性交易地圖」。

在這一百個國家中，有五十個國家規定性交易合法、十一個國家是性交易有限制的合法；只有三十九個國家性交易不合法，包括阿富汗、阿爾巴尼亞（位於歐洲東南部）、中國、伊朗、伊拉克、古巴、韓國（南韓）、朝鮮（北韓）、烏干達（東非的內陸國家）等。

在性交易合法化的國家，政府仍有相關法令管制。性工作者要向政府申請執照，在指定地點和時間內進行性交易，大致分文以下三類：

第一是，**賣淫、開妓院和拉皮條都是被允許的**，比如德國、希臘、孟加拉，這樣的國家約占性交易合法國家的九%。但是在德國，性交易仍有地點、時間上的限制，性工作者還須至自助收費機繳稅購票。

第二，之中約有八%的國家，性交易和開妓院都是被允許的，但唯獨拉皮條不行，比如瑞士。不過，瑞士對從歐盟其他國家來的性工作者還有優惠：前三個月不需申請工作許可就能開始工作。

其他的三三%國家，性工作者可以「個體戶」做生意，但是不能集體營利。不過，正謂見招拆招，比如在愛爾蘭，妓院不合法，所以一些妓院就拿語言學校當幌子，掛羊頭賣狗肉。

臺北大學犯罪學研究所特聘教授兼所長周愫嫻等人，曾以各國性工作者民意取向研究中「世界價值觀調查資料[1]」分析顯示，目前世界各國大致能分類成三種模式，第一種是伊斯蘭教與專制國家，超過九一％的民眾認為性工作不正當。第二種則是宗教或新民主國家，由於受到天主教、儒教或是社會主義影響，因此對於性工作的接受度也是不盡相同。第三種則是非宗教取向的民主國家，認為從事性工作不正當的比例較低。

接著，讓我們從這三種模式，來探討國外性產業的現況。

一、孟加拉：一輩子都要賣的女人

孟加拉是現存少數賣淫合法化的穆斯林國家，在孟加拉中部的坦蓋爾（Tangail District）內有一座超過兩百年歷史、全國最古老的妓院。裡面的性工作者大多來自貧窮家庭，也有少部分是經人口販運被賣入妓寨。當地的宗教團體

1 世界價值觀調查（World Values Survey）起源於一九八一年的歐洲價值觀調查，屬跨國性調查；其內容包含社會問題、勞工組織、就業問題、政治態度、國家民主、性別問題、環境、婚姻、家庭與小孩教養等。

強烈反對妓院存在，二〇一〇年，激進分子甚至燒毀了一家妓院，但是這項行業依然方興未艾。

第二古老的妓院「坎達帕拉」曾在二〇一四年被勒令歇業，但隨後在當地團體的幫助下又重新開張。對於這樣的結果，被人們解讀為「長年浸淫其中的女性已無法適應外界的生活，即使自由也無法回到正常生活」。

如今，這裡的妓院區被兩米高的外牆圍起來，在狹窄的街道上，餐廳、茶館和攤販林立。七百多名妓女與她們的孩子，以及負責管理性工作者的「夫人」，都在這裡生活和工作。

許多女人在這裡出生、長大，而性工作是她們唯一的生計來源。她們的客戶身分各異，有警察、政治家、農民、漁民、工廠工人，也有未成年的男性。然而，一次性交易卻僅能換到五十塔卡（孟加拉流通的貨幣，相當於新臺幣十八元），因此許多女孩只好用更多的次數換取更多的金錢。

換句話說，妓院區內有自己的一套規則和權力等級，然而這種規則卻與該國主流社會大相逕庭，尤其是剛進入妓院的那些年輕女孩——「bonded girl」（契約女孩）。因為，根據孟加拉法律規範，性工作者必須年滿十八歲，但 bonded girl 的年齡層卻只有十二歲至十四歲。

她們沒有一點自由與權利，完全從屬於「夫人」。由於身上背有債務，她們也不能隨意外出，工作報酬因為拿去抵押債務，平常只有供應三餐及住處。而且為了讓身體更成熟，她們還被迫服用類固醇。

直到債務解除，這些妓女才有自由選擇離開。但是，儘管自二〇〇〇年以來，孟加拉已將賣淫活動合法化，這些婦女因為社會譴責的風氣，仍經常選擇留下並繼續賣淫，為其家庭提供收入。

二、德國：一次付費、N次享愛的歐洲大妓院

歐洲對性產業認知相對開放，德國在二〇〇二年性交易合法化之後，性工作者即大幅增加。根據德國經濟部在二〇一八年公布的性產業資料顯示，合法登記

的性工作者已達三十三萬人，平均每天性交易人次達一百二十萬人，但因為新冠肺炎疫情的影響，二〇二〇年登記的性工作者僅剩四萬人，因德國當局於三月中關閉公共場所，七月開放時也並未恢復性產業能營業，導致部分業者破產。

德國將性交易合法化的初衷，是為了讓性工作者能加入醫療保險及社會福利體系，並透過繳交賣淫所得稅，同時減少犯罪率的發生。

德國的各類性產業解禁後也迎來一波雨後春筍，進入百花爭鳴的時期。性交易場所，不再是以往人們印象中的陰暗、髒亂、危險的巷子，而是講究質感，從裝潢到經營理念，都是走時尚高級路線。

德國科隆（Köln）的妓院帕莎（Pascha）在歐洲頗有名氣，帕莎採用的是租房制，與樓鳳的經營型態相似。業者把套房租給性工作者，日租金額為一百七十五歐元（按：約新臺幣五千七百七十五元），性工作者只要繳完房租，之後的其他收入全歸個人所得。帕莎的一位性工作者表示，在這裡工作的（提供性服務）都知道：「接第一位客人是為了交房租，再接客就都是自己賺的。」

賣淫合法化的優點之一，**就是所有性工作者都必須執業登記**，**並且每個月接受健康檢查**，**以及利於司法單位對人口販運等犯罪的查緝**。除此之外，這些性工作者因為和一般的上班族一樣，必須繳納個人所得稅，所以也不會有低人一等的自卑感。

地方政府還向性產業增加許多課稅名目。如科隆市就向性工作者徵收「性特別稅」，每位性工作者只要當天有工作收入，不論進行多少次性交易，都必須向政府繳交三十歐元（按：約新臺幣九百九十元）。

德國電視臺記者在採訪時曾提出質疑：為何政府立法通過賣淫合法化，卻要求性工作者額外繳稅？

為此，司徒加特（Stuttgart，位於德國西南部，為德國的第六大城）財政部發言人解釋，這是考量到**性消費者**在報稅時，**往往不會如實呈報**自己今年去了哪些性場所、做了幾次性交易，如此國稅局就無法從消費者身上徵稅，所以才反向操作，向有合法登記的性工作者課稅。

當然，從制度面來看並不公平，但只要性工作者將納稅成本算入性交易價金即可。

另一方面，反對賣淫合法化的人則認為，雖然德國賣淫合法化的目的是保護性工作者的權益，但由於性服務已屬合法營業，若有不肖業者以合法掩護強迫賣淫、人口販運等犯罪，司法追查也會相對困難。

據德國國稅局的統計顯示，登記註冊在案的合法性工作者中，有六五%來自境外，而**大部分的性工作者來自相對貧窮的東歐國家**。這些國家的性工作者接一次客人的收入，就相當於在家鄉一個月的薪水，這**與樓鳳中的東南亞籍性工作者來臺賣淫的原因亦相符**。

不過，德國性產業高收入的極大吸引力，也讓東歐女性成為人口販運集團的目標以及犯罪集團強迫賣淫的主要受害者。有趣的是，在德國，除了賣淫的性工作者大部分來自他國，更有許多觀光嫖客慕名而來。

三、日本：賣淫是自由戀愛

若提到性產業蓬勃發展的國家，亞洲人通常會先想到日本，而日本的AV也是許多臺灣男性成長過程中的必備工具，但**依據日本《賣春防止法》與《風俗營業管理法》，性交易在日本其實是不被允許的**。

在日本，性產業高度發達，每個都市皆有所謂的「紅燈區」（Red-light district），也就是以性產業為主的街區。從陪同男性一起洗澡的泡泡浴、色情按摩店、脫衣舞、牛郎店、個人觀賞的黃色錄影店（按：日本A片為正版）、摸摸茶店應有盡有。

若論及日本性產業，最廣為人知的是「飛田新地[2]」，又叫飛田遊廓，是西日本現今最大的性產業聚集地，位於大阪府大阪市西成區，曾經是日本古代妓院

2 因為新冠肺炎疫情持續擴大，飛田新地約一百六十家加盟店已宣布全面停止營業；重新開業時間未定。

的合法保留地。一九五八年以後，因日本政府明令禁止賣淫，這裡的妓院搖身一變，轉以料理亭的名義來經營，為了規避政府取締，還**大舉標榜客人和女孩子之間是「自由戀愛」**。

飛田新地由兩條街道組成，分別為「青春通」及「妖怪通」，從字面上即可了解，街道是以年齡來劃分，分為二十歲左右的年輕女孩子、四十歲左右的熟女大嬸。

街道上，白底黑字的店家招牌林立，因為每家店都是對外敞開，所以顧客可以直接在現場看到小姐本人。店門口往往會有一位中年婦女負責招呼客人，在店內則端坐著一位穿著性感、擺出撩人姿勢的年輕女孩。這裡的價格全部都是明碼標價。

只要客人在店外駐足，門口的大媽就會上前熱情招呼客人、進門消費。當交付價金後，年輕女孩就會挽著客人的手，上二樓進行「自由戀愛」。當消費結束後，年輕女孩會給客人一支棒棒糖，只要客人拿著棒棒糖走在街上，其他店家就會知道這位客人已「自由戀愛」過。此外，這裡也禁止女性進入。如果一般女性進入該區域，會遭到店家的責罵及驅趕。

從上述可知，飛田新地已將性產業分工經營。負責拉客的中年婦女並非經營者，比較類似臺灣的雞頭（媒介者）；性工作者透過媒介到此處工作，或是媒介者挖角性工作者到此處工作；此外，還有負責打掃店家的清潔公司，甚至是專門外送餐點到此處的店家。不過，真正的經營者並不會出現在此處，而是位於幕後操縱一切。

金錢和性永遠有爭議

目前，荷蘭、德國、奧地利、瑞士、希臘、土耳其等八國皆有立法規範性交易，像是買賣行為、公共場所攬客、開設妓院、媒介抽成等。不過法律剛新設立，還是有很多問題等待修法。唯獨兒童性交易、人口販運、強迫賣淫等行為，為聯合國明令禁止。

而臺灣目前採用的性專區立法，比較類似荷蘭的阿姆斯特丹紅燈區。在這個地區，人們可以合法從事性交易與經營性產業，並透過徵收稅金、立法來保障性工作者，但現在此區已經變成觀光景點，讓全世界遊客參觀，真正要性交易的嫖客反而不敢去。不過，門票的營利也算是一種新型觀光產業。

綜合上述國家，性銷售或購買並不違法，但圍繞商業交易（如招攬性工作者、廣告方式、消費方式、耗材採購和人員管理）是值得探討的，因此如果僅以司法角度來還原還是非常困難與偏頗。

性產業到底是合法、非法，甚或是地下化，均依各國家的法律與民情，各有獨特的性銷售模式，而這些性銷售模式是組成性經濟的非常重要的一部分，對於臺灣新興性產業的銷售模式值得借鏡（參下頁圖表4-3）。

此外，大眾對性交易的看法，也會影響原本就在該國從事賣淫的性工作者。如果不被大眾所接受，就會產生更大的推力，讓這些人自願前往對性工作接受度

圖表 4-3 各國性交易管理政策比較

國家	性交易管制
美國	除內華達州與羅德島州外，均採禁娼政策。性工作者必須向警察申請工作許可。然而，路邊流鶯或網路交易仍氾濫，例如小商人（按：PTT 網站的名人，本人為美國加州貿易商、茶店老闆）。
德國	賣淫合法化，將妓女納入勞保體系，可享健康保險與失業保險。若有性交易相關刑案事件，仍須以刑法加以處罰。目前已經申請破產，主因為政府怕疫情破口而封閉，不是嫖客不消費。
澳洲	將性產業合法化，當作商業來管理（例如：凱恩斯城市）。但其實生意不太好。
日本	依《賣春防止法》與《風俗營業管理法》禁止性交易，並由警政主管，但無法處罰之規定。實際上，賣淫很風行，紅牌小姐都得排隊（強者我朋友有去過）。
中國	目前禁止一切性交易。曾經風光的海南等地已消失。
荷蘭	未訂定性產業相關規範，由地方政府管理。合法娼妓須向國家繳稅。目前已轉型為觀光區。

相對較高的國家工作。

例如，羅馬尼亞的女性就曾大批湧入德國賣淫；或者是讓原先不敢在當地（認為賣淫為非正當行為）從事性工作的人，願意到外國賣淫。像是中國不能用LINE，臺灣人不愛用微信，所以中國籍小姐可以大方來臺灣，並以 LINE 作為媒介從事性交易。

5 最可行的管理辦法：QR Code 管制法

地下性產業旅遊樓鳳崛起後，反映出臺灣現今的社會問題，例如：性需求缺口無合法市場供給、旅館及日租套房控管失能、外籍人士來臺限制放寬卻無配套措施、以及**新臺幣以地下經濟方式大量外流**，例如以電子支付將錢匯出國外（微信、淘寶等）。

儘管我們透過性工作者總人數成長曲線，可看出臺灣性需求缺口仍未達到飽和狀態，但在新法通過後，各地方政府首長、民意代表卻礙於政治包袱，大多不願冒大不韙。即使有人提案成立性專區，也經常因各界論點不一而被否決，放任性相關產業走入地下，結果產生更多治安問題。就我看來，與其在性專區的成立與否上打轉，或許可以先**改變性專區的定義**。

成立性交易合法旅館

怎麼說呢？回顧一開頭我提到的，所謂性產業，由房間、性工作者、性消費者、錢等四種要素組成，所以如果我們能設立性交易合法旅館，即解決性專區問題，且同時也能改善旅館空房過多、日租套房管理不善的問題。不過，相關配套措施仍需深入研究。

再者，只要犯罪行為尚未發生，警方就無法進行司法追訴。一般來說，因為自由行大多是散客，只有攜帶簡易行李，並不會有什麼可疑物品，所以，海關入境檢查相對簡易。

然而，性工作者的犯罪工具是身體，海關人員並無法檢查有無異狀，也無法分辨每位來臺的外籍人士是否要從事非法行為，且由於臺灣與他國並無司法互助，可掌握外籍性工作者的相關刑案紀錄，因此第一時間多半不會起疑，進而讓其入境。

因此，我建議政府相關部門應**從住宿飯店實名登錄**做起，**加強來臺旅客的每日控管**，並以此追查該旅館是否有配合外籍小姐進行性交易；若小姐來臺前沒有向旅宿業者訂房，則須登錄在臺居住地點，以方便警方追查，同時降低外籍性工作者來臺後便不知去向的問題。

至於電子貨幣因不受監管、流出國外，管控相關問題仍需政府努力。但由於電子貨幣是世界各國的共同困境，非單一國家能解決，至今仍尚未找出有效的控管方式。

針對此種狀況，以下我將分別以管制面與實際面，列出相關建議。

管制面：沒有證據，臨檢都是白工

於大法官第六六六號釋憲案後，由於在性專區以外娼嫖皆罰，所以警方在取締時，須同時查獲馬伕與性工作者，才能以刑法相關法條移送，且還須證明這之中有進行性交易。儘管警察可以偽裝成嫖客至旅館開房埋伏，但由於大臺北地區交通便利，性工作者都是自行坐捷運或搭乘計程車移動，因此還是時常令警方無功而返。

對於旅遊樓鳳則更困難，只要沒有嫖客上門消費，警方就無法證明小姐居住在飯店或套房中是為了從事性交易。另外，像是一般行政手段、警方大力宣傳的「清樓專案」同樣對旅遊樓鳳效果有限。

原因是沒有搜索票。

首先，如遇民眾不願意開門，查緝即沒有強制力。即使民眾願意開門，但這往往是警方自認有異狀，以「無犯罪，何須怕警察檢查」等言語，恣意逕行入內搜索；一旦檢查無果，便利用民眾對法律認知不足，宣稱自己並無從事搜索行為，如有發現不法，便再要求民眾簽署自願同意搜索，如此遊走於法律邊緣。

換句話說，**旅遊樓鳳的性工作者，若遭到警方行政檢查，只需不開門即可。**

更何況，樓鳳往往隱身於住商混合大樓，有大量的隔間套房，即使警方以便衣方式埋伏查緝，最多也只能查緝到一名性工作者，無法循線查獲上游，也就是雞頭或機房等。

QR Code 管制法：結合旅宿、醫院

在研究各項性產業發展後，我認為可以**結合網路、旅宿業、醫院等，成立一套合法性交易的模式**。

依目前法規，公娼由地方政府警察局主管，性工作者的性病防治則由地方政府衛生局負責。而我的初步構想是，先讓有意願**從事性工作的從業者，定期到醫院進行健康檢查**、**抽血檢驗**等，檢查後便有掛號紀錄、批價號碼。接著，再以此號碼至政府成立的合法性交易網站上登錄帳號，並選擇願意披露的資訊，如身材、提供的服務等，即能有效避免個資外洩。

嫖客如需性服務，則至該網站上登錄，選擇屬意的性工作者，以及點選政府

檢測合格旅館及性服務項目。嫖客可先儲值一筆金額，將價金放置在網站中，就像購物網站一樣，確定交易後就進行扣款，並將款項存放於性交易網站。

網站會自動通知性工作者有客戶上門，並發送特定QR碼供此次交易使用。性工作者到達指定旅館後，因網站已訂好房間，小姐只須出示QR碼並掃描，取得房卡或密碼，即可進入房間。嫖客也會取得一組QR碼，同樣以掃描取得房間房卡或密碼再進入房間。若雙方皆確定願意進行性交易，只要互相掃取對方的QR碼，此次交易便會顯示為「進行中」。

待交易結束後，點選確認完成，預存在網站上的價金就會自動轉入性工作者的網路帳戶內。待確認入帳以後，雙方即可自行離去。

此外，嫖客、性工作者均能至網站登錄是否滿意等客評，供其他性消費者、性工作者參考。如此一來，除了政府能從網站中收取稅金，司法單位也能確切掌握違法性交易；使用原本即有提供休息、住宿的旅宿業，也不會因成立性專區造成民眾反彈抗爭。

圖表 4-4 QR Code管制法

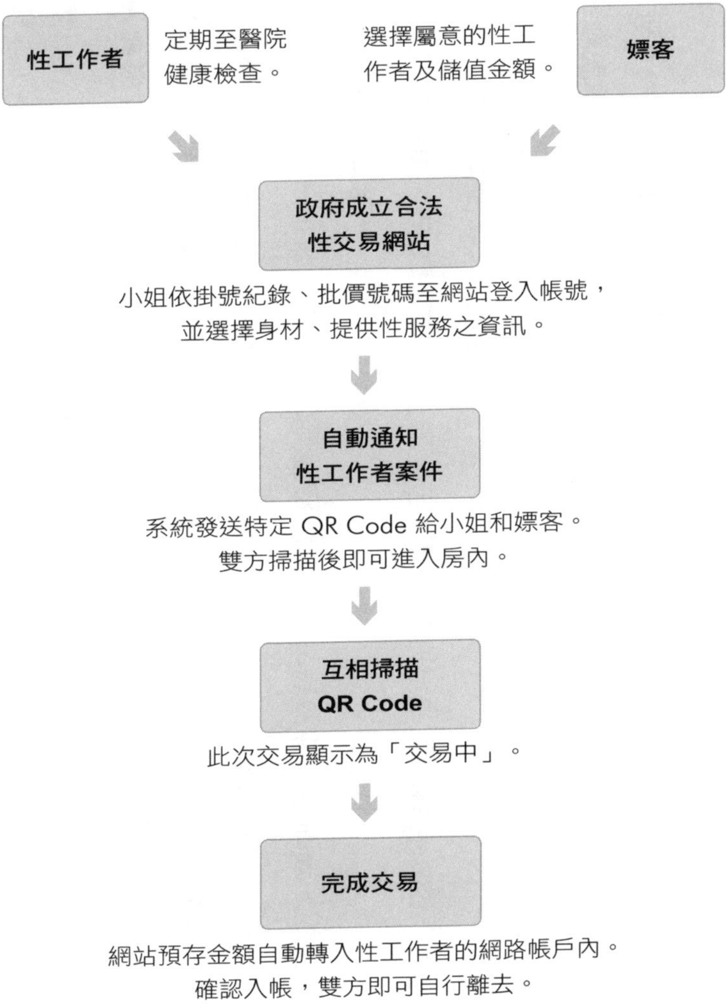
性工作者
定期至醫院健康檢查。
選擇屬意的性工作者及儲值金額。
嫖客
政府成立合法性交易網站
小姐依掛號紀錄、批價號碼至網站登入帳號，並選擇身材、提供性服務之資訊。
自動通知性工作者案件
系統發送特定 QR Code 給小姐和嫖客。雙方掃描後即可進入房內。
互相掃描 QR Code
此次交易顯示為「交易中」。
完成交易
網站預存金額自動轉入性工作者的網路帳戶內。確認入帳，雙方即可自行離去。

此方式有數樣好處，羅列如下：

- **保密性**：旅宿業者會有嫖客的基本資料，但由於一切交易由政府機關控管，因此嫖客與性工作者並無個資外洩的疑慮。再加上，性工作者須定期健康檢查才能接案，為了不被取消交易資格，一段時間便會自主重新健康檢查。所以，政府如果要追查性工作者，只要向醫院調閱資料，即可避免性工作者個人資訊外洩，以保障其人格權。

到旅館交易時，也只需掃描 QR 碼，即能取得房卡或房間密碼。當然，若是無人旅館，更沒有個資外洩的疑慮。

- **便利性**：除了審核性工作者健康狀況需一段時間以外，其餘項目均可在網站上完成；在先進國家，使用智慧型手機掃描 QR 碼等行動支付已相當普及。

● **安全性：**因交易雙方資料均存載於網站中，如有性工作者遭暴力手段對待，不需依靠地下團體保護，很快就能開啟查緝。如有嫖客被性病傳染，政府也能有效追查出感染源頭。且由於交易過程中，價金已存放在網站上，因此現場交易時，並不會出現現金，當然也就不會發生小姐的報酬被竊取，以及乾洗嫖客等金錢糾紛。

當然，此種辦法只是筆者因研究各國性產業營業模式，總結出的模式，希望能協助弱勢的性工作者及幫助政府有效控管此產業；許多缺陷與考慮不周之處，仍須實際執行後才能逐一改進、修正。

不過，由於**性產業是一種地下產業，不會有官方數字**。大臺北地區實際從事旅遊樓鳳的性工作者母群人數只能推測，無法推估出實際的數字。

6 後疫情時代：酒店臺妹也轉做樓鳳

樓鳳起源於香港，在新加坡發揚光大，然後進入臺灣，自此改變臺灣性產業市場。其中，幕後黑手就是華人，華人為了賺錢，吸收了許多社會精英加入，首先是法律、經濟、甚至有廣告行銷等人才，以鑽研法律修訂，並且充分利用網路、通訊軟體、購物ＡＰＰ，重新串聯整個灰色產業。

對我來說，這個研究結果讓我十分震驚。因為我一開始進入警界工作時，也是對社會充滿希望，認為那些利用弱勢女性賺皮肉錢的皮條客、老鴇等人，實在十惡不赦。然而，當我真的查獲、抓了這些人才發現，或許面對這些弱勢女性在華人男性社會的生存掙扎，這些皮條客、馬伕只是從中協助並獲利而已。

因此，如果政府可以提出更好的方式，不僅能幫助弱勢女性，相信對廣大的單身男性來說，也是一種福利，總不能要求每隻單身狗都具備優秀的求偶技能。畢竟，這年頭，光是努力活著就很辛苦了。

日本三一一大地震之後，有日本記者採訪多名性工作者。據性工作者轉述，遭逢巨變後人們失去了許多，包括親人、家庭、工作等，活下來的人們卻不知對誰傾述，因為其他人也同樣痛苦。但是，透過性工作者裸裎接觸、聽其傾訴之後，對於創傷療癒有很大的幫助。那段長達一年的時間，昏暗的小房間內，聽到的幾乎都是男性哭聲。

換個角度來看，當某一種經營方式在新時代逐漸式微，並不意味著整個產業會滅亡，它只反映了舊有的經濟模式需要被淘汰。

「旅遊樓鳳」此種新興型態的性產業，利用網路資訊取得容易、快速選擇的方式，排除過去性產業中剝削最大的仲介者（三七仔），傳播性交易消息給更多的潛在消費者，以此大利其市；並且讓性產業鏈中的組成分子賺得比過去模式還要多，得以蓬勃發展。

犯罪走在法律前面，封鎖不了賣淫

未來，我們可再針對外籍性工作者為何要前來臺灣賣淫進行深度訪談，了解在語言不通的狀況下，她們為何仍願意到臺灣從事性工作，並對犯罪歷程進行分析；或是進行旅館業者分析，了解外籍旅客於旅館內與不特定嫖客進行性交易氾濫情形，是否能管控等。

法律會與時俱進，但**犯罪往往走在法律前面**，防不勝防。與其想辦法封鎖賣淫，防堵性產業攤在陽光下，根本無助於現狀。檯面下的性交易，只會越來越多，越來越稀鬆平常，直到有一天性產業不再是違法。

受到新冠肺炎疫情的影響，原本以為旅遊樓鳳會因為來臺小姐減少而大幅衰退，結果人數**衰退的只有中國籍小姐**。因為中國為疫區，簽證無法核發。但東南亞籍的小姐，仍以醫療與其他簽證的方式來臺賣淫，而且很多來臺的外籍小姐因為無法返回家鄉，還可以繼續留在臺灣工作。

萬萬沒想到的是，因為遇上疫情，反倒讓許多停業**酒店小姐大幅湧入旅遊樓鳳原先空缺的位置**，使旅遊樓鳳單次的交易價格一路下跌到新臺幣兩千六百元，就可以與辣臺妹來一場啪啪啪。據說，有不少客人還反映小姐的品質大幅提升，可說是性消費者的一大福音。不過，因應疫情的關係，臺妹人數目前約占六成，而價格又上漲至四千元左右。

至於買春的客人會減少嗎？你可能以為疫情問題，會讓嫖客不願意、不敢出門，但是性慾是忍不住的，只要上頭了就沒辦法控制。當路上每個人都戴上口罩，尋芳客反而更自在，更不怕被別人發現。而且警方也發現，因旅宿業空房率大增，不少色情業者租下小商務旅館，更好做生意。有些飯店業者還會宣傳固定消毒，使用水蒸氣殺菌等防疫，以此降低嫖客疑慮。

（本書參考文獻，請掃描以下 QR Code。）

國家圖書館出版品預行編目（CIP）資料

樓鳳，性淘金產業大揭密：警察帶路，立馬看懂江湖規矩，菜雞一夜成爲老司機，乖乖女聽懂所有 men's talk / 張榮哲著. -- 臺北市：任性，2021.03
256 面；14.8×21公分. --（issue：026）
ISBN 978-986-99469-1-9（平裝）

1. 特種營業　2. 娼妓　3. 臺灣

544.76　　109016289

issue 026

樓鳳，性淘金產業大揭密

警察帶路，立馬看懂江湖規矩，菜雞一夜成為老司機，乖乖女聽懂所有 men's talk

作　　者／張榮哲
責任編輯／黃凱琪
校對編輯／陳竑悳
美術編輯／張皓婷
副總編輯／顏惠君
總 編 輯／吳依瑋
發 行 人／徐仲秋
會　　計／許鳳雪、陳嬅娟
版權經理／郝麗珍
行銷企劃／徐千晴、周以婷
業務助理／王德渝
業務專員／馬絮盈、留婉茹
業務經理／林裕安
總 經 理／陳絜吾

出 版 者／任性出版有限公司
營運統籌／大是文化有限公司
臺北市 100 衡陽路 7 號 8 樓
編輯部電話：（02）23757911
購書相關資訊請洽：（02）23757911 分機 122
24 小時讀者服務傳真：（02）23756999
讀者服務 E-mail：haom@ms28.hinet.net
郵政劃撥帳號／ 19983366　戶名／大是文化有限公司

法律顧問／永然聯合法律事務所
香港發行／豐達出版發行有限公司 Rich Publishing & Distribution Ltd
地址：香港柴灣永泰道 70 號柴灣工業城第 2 期 1805 室
Unit 1805, Ph. 2, Chai Wan Ind City, 70 Wing Tai Rd, Chai Wan, Hong Kong
電話：21726513　傳真：21724355
E-mail：cary@subseasy.com.hk

封面設計／FE 設計．葉馥儀
內頁排版／顏麟驊
印　　刷／緯峰印刷股份有限公司

出版日期／ 2021 年 3 月初版
定　　價／新臺幣 340 元（缺頁或裝訂錯誤的書，請寄回更換）
I S B N／ 978-986-99469-1-9
電子書 ISBN ／ 9789869946964（PDF）
9789869946971（EPUB）

本書訪談內容，皆為透過工作關係介紹而來，以立意抽樣做訪談，並表明為學術用途，受訪者的身分絕對會予以保密。
本書旅遊樓鳳相關數據依 2017 年 7 月至 12 月統計，交易價格及情形仍可能因時勢變化而有所變動，價格僅供參考。